禅の言葉とジブリ

龍雲寺住職
細川晋輔

徳間書店

目次

カバー・本文イラスト／鈴木敏夫
ブックデザイン／横須賀拓

禅の言葉とジブリ

達磨《だるま》「不識《ふしき》」と「もののけ姫」

「もののけ姫」より

私は臨済宗という禅宗の僧侶です。第十二代住職としてお預かりしているお寺は、東京都世田谷にある大澤山《だいたくさん》・龍雲寺。赤穂浪士の討ち入りの頃、江戸時代の元禄十二年につくられた、禅のお寺になります。

私は今から九年前まで、京都の修行道場におりました。二十二歳から九年間、坐禅や禅問答に明け暮れる毎日の中で、「禅の悟り」というものを求めて修行をしていたのです。これだけ長い期間、修行していたのですから、実に多くのものを身につけて帰ってきたように思われるかもしれません。確かに、お料理は胡麻豆腐も作れるようになりましたし、針仕事や、畑での野菜作りもできるようになりました。しかし実際のところ、九年たって私が心から感じたことは、「何も得るものがなかった」ということだったのです。

坐禅は何かを得るためではなく、自分自身の知識や経験を捨てるために行うものであったのです。一般的な修業や習い事などは、技術の習得を目的としますので、何らかの得るものがなければ成り立ちません。ただ、禅の修行は違うのです。

私自身、捨てる修行を重ねているうちに、気づいたことがありました。それは日本に「四季」があって、それぞれに「旬」があるということでした。今までの便利で快適な生活の中では感じもしなかったことを、エアコンや電気のコンセントもない道場での生活が教えてくれたのです。今までなかったことを新たに発見するのではなく、見過ごしてきたことを再認識していくことが、禅の修行だったのです。

たとえば、スマートフォンの画面に夢中で毎日通っていた道で見過ごしていた、精一杯咲く花を発見するように。

何かを手放して、少し立ち止まってみると、毎日の忙しさや、次から次へと入ってくる情報に埋没していた、本当の自分の心に、気づくことができるのです。

そんな禅の修行も一区切りして東京の寺に帰り、私は「禅を伝える」ために坐禅会などを精力的に行っておりました。その一環で出演したテレビ番組のおかげで、思わぬ出会いがあったのです。

それは、スタジオジブリの鈴木敏夫さんとの出会いです。私が坐禅の説明をしたテレビ番組をご覧になり、ある雑誌での対談相手に、私を指名してくださったのです。何を隠そうジブリ映画の大ファンであった私にとっては、号外を出したくなるくらい嬉しいニュースでした。

昭和五十四年生まれの私の幼少期において、ジブリ映画は公開のたびごとに、楽しみであり、家族行事の一つでした。中でも私が一番好きな作品は、「もののけ姫」です。生まれて初めて同じ作品を観るために、再度一人で映画館に行ったほどです。どのジブリ作品にも言えることですが、映画館を出る時に、人生の前向きな一歩を踏み出すことができるから不思議です。

鈴木さんに初めてお会いした時は、もちろん緊張の連続でした。数回にわたった対談は本当に楽しく、禅僧として学ぶこともたくさんありました。鈴木さんの自由自在というか、「今が大事」という生き様は、まさに禅の教えそのもののように私には思えたのです。余談になりますが、今まで自分の中でずっと疑問に思っていた「魔女の宅急便」の「ジジがなぜしゃべらなくなったか？」という質問も、勇気を出してさせていただきました。

そんなご縁もあって「人生は生きるに値する」という全ジブリの作品に共通するメッセージと、目の前の「生」を大切にする禅の言葉、必ずどこかに通じるものがあると考え、これから『禅の言葉とジブリ』と題して綴らせていただきます。この言葉のどれか一つが、皆様にとっての「人生の杖言葉」となることを祈念しながら。

＊

お正月の禅寺では、決まって床の間に『達磨図《だるまず》』が掛けられています。一月の澄み切った寒さの中、堂々たる風貌の中に、凄みのある眼光をした達磨大師《だるまだいし》の姿は、なんとも存在感があります。達磨大師（？〜五二八？）とは、禅をインドから中国へ伝えたとされる、禅宗の初祖《しょそ》と呼ばれる高僧です。私たちの生活の中では、選挙に当選した時に目を描き入れる朱のだるまや、「ダルマさんが転んだ……」という子どもたちの遊びなどで親しまれています。

『達磨図』はそもそも日本では、絵画を描く専門の僧によって描かれた、法要で使う道具とされていたそうですが、ある時から、「不立文字《ふりゅうもんじ》」といわれる「言葉ではどうしても表現しきれない禅の教え」を伝えるための手段として用いられるようになりました。

その中でも特徴的な『達磨図』を描く禅僧に、江戸時代に活躍した白隠慧鶴《はくいんえかく》禅師《ぜんじ》がおられます。それまで、礼拝《らいはい》の対象であった崇高な仏画を、白隠禅師は一般民衆へ禅の教えをひろめるための「禅画」として描き、それらは現在にも多く残されているのです。

達磨は、存在そのものも伝説とされていますが、今に伝わるエピソードも禅宗では大切な教えの一つとなっています。

インドから海路、中国まで渡った達磨を、当時大変喜び、熱心に迎え入れた王がいました。梁《りょう》という国の武帝《ぶてい》です。武帝は仏法に深く帰依し、世間から「仏心天子《ぶっしんてんし》」と崇《あが》められていました。

ある時武帝は、都がある金陵《きんりょう》（現在の南京）の宮中に達磨を招き、質問をしたのでした。

「朕、寺を起《た》て僧を度《ど》す。何の功徳かある」（私はこれまでにたくさんの寺を建立し、僧侶を育ててきた。私には将来、どれだけ大分の幸福がもたらされるか？）と。

この問いには、おそらく次のような意図が込められていると考えられます。武帝は、インドから来た達磨という高僧によって、自分自身の善行に対しての果報を、証明して欲しかったのでしょう。しかし、そんな思惑は達磨の衝撃的な返答によって、完全に打ち砕かれてしまいます。

達磨は「無功徳《むくどく》」と、突っぱねます。武帝の行いの、どれもこれも果報を受けられるものではない。利益欲しさに行う善行が何の役に立つであろうか。褒められよう、認められようという物欲が、せっかくの行いを悪行にしてしまうというのです。要するに武帝の行いは、あくまでも利己的なものにすぎない。自分の欲望を満足させるだけの行為を、信心という名で美化しようとしていることを、達磨は見抜いていたのです。

望みの答えを聞き得なかった武帝は、問いを重ねます。「禅の真髄とはいったいどのようなものか？」と。それに対して達磨は、「廓然無聖《かくねんむしょう》」と喝破《かっぱ》するのです。

「廓然」とは、からりと開けた、何のとらわれもない無心の境地を表したものです。

その無心のところには、聖なるものも、凡なるものも、何も比べるものは無いと言い放つのです。自分が信じて求めてきた仏法に聖なるものが無いと言われた武帝は、どうしても納得がいきません。今までの行いの全てを否定されてしまったからです。そして、達磨に対して「私の前にいるお前は何者か？」と尋ねるのです。

達磨は一言、答えます。「不識《ふしき》」と。

この「不識」は「そんなもの、しらない」という意味の言葉ですが、禅での解釈はそう簡単にはいきません。達磨が「不識」と言ったのは、武帝の心にある執着を捨てさせるためだったのです。

人間はどうしても、聖とか凡とか、生とか死とか、有るとか無いとか、好きとか嫌いとか、対立する二つの思考にとらわれてしまいます。禅ではとかく、この対立する二念を嫌います。「識《し》る」「識らず」と、自分が生まれてから身につけてきた知識や経験に惑わされることなく、それらを完全に捨て去ってこそ、禅でいうところの「不識」を体得することができるのです。

＊

「もののけ姫」のクライマックスに、山犬のモロが主人公のアシタカに「お前にサンが救えるか？」と問いただす場面があります。山を侵した人間が、自分の命が助かるために投げてよこした赤ん坊であり、山犬にも人間にも成り切れない哀れなサンを、アシタカに救うことができるのかと、モロは迫るのです。

物語のかっこいい主人公なら、やはり「救える！」と言い切って欲しいところです。百歩譲って「救う！」という未来形にしてもらうといったところでしょうか。たとえば、自分に娘がいて、その婚約相手の男性が会いに来たとします。「娘を幸せにしてくれるか？」と相手に問いかけて、その答えが「わかりません」だったらどうでしょう。なんとも頼りなく感じてしまいます。

アシタカは、モロの問いかけに対して「わからぬ」とキッパリと答えます。このセリフこそ、達磨の「不識」に通じていると私は思うのです。これこそ「わかる」「わからぬ」という対立の二念を超越した言葉であると思うのです。

思い返せば、私たちが「わかる」と確信をもって言えることは、どのくらいあるでしょうか？　地獄があるか？　天国があるか？　自分の寿命はいつまでか？　考えてみると私たちの人生は、わからないことだらけではないでしょうか。結局のところ、明日、自分自身が生きているかもわからないし、身近なところで言えば、明日の天気すらわからないのが私たちなのです。

怪我をしたアシタカは、療養中の寝床で自分自身と向き合っていたのでしょう。サンにとっての幸せとは何であろうか。自然と人間とが争わずにすむ道はないのか。目の前に突きつけられた生きるための難問と向き合って、アシタカが導きだした答えが、「わからぬ」だったのではないでしょうか。

そして、心が熱くなるのは、アシタカの答えが「わからぬ」だけでは終わらないところです。アシタカは続けるのです。「だが、共に生きることはできる」と。

以前、あるテレビ番組で、東日本大震災で大変な被害に遭われた岩手県大槌町《おおつちちょう》に設置された、一つの電話ボックスのエピソードを見ました。

「風の電話」と名づけられたその電話ボックスの中には、電話線に繋がっていない黒電話がポツンと置かれています。電話の持ち主の方は、震災の前年に亡くなられた、仲のよかった従兄と話をするため、はじめは自分自身のためにこの電話ボックスをつくられたそうです。

震災が起き、月日が流れ、「風の電話」にはたくさんの方が訪れるようになりました。あの日に「いってらっしゃい」と声をかけて送り出したご主人や、喧嘩したまま声もかけずに別れてしまった恋人と話をするために、その電話に向かって話しかけるのです。たくさんの方々が、それぞれの想いを胸に、電話線も繋がっていない黒電話の受話器を耳にあてるのです。もちろん、何を話しかけても受話器から相手の声は聞こえてきません。

この声は、大事な人に届いているでしょうか。答えるとすればこの一言です。

「わからない」

わからないけれども、届くと信じて、届いていると信じて生きていけるのが、私たち人間なのです。「風の電話」で、帰らぬ人に思いを届けることが大事なことであり、その時、本当に「届く」「届かない」は問題ではないはずです。

禅の言葉は特に「禅語《ぜんご》」と呼ばれ、達磨の「不識」もこの禅語に当たります。禅語は、千年以上の時代を超えて、たくさんの禅僧たちが厳しい修行を通して、命がけで取り組んだ「活きた言葉」です。まさに心が震わせられる言葉であり、その意味は心底、容易ならざるものがあります。

アシタカの「わからぬ」という答えは、達磨の「不識」と同じように、目の前にある対立の二念を超えて、真の自分自身の胸襟《きょうきん》より出てきた言葉に他なりません。「しる」「しらない」、つまり「わかる」「わからない」という対立した二念を超えたところから一歩を踏み出したアシタカだからこそ、「共に生きることはできる」と答えることができたのだと、私は思うのです。

生と死、有ると無い、好きと嫌い……
対立する二念を禅は嫌う。
自分が身につけてきた知識や経験を
完全に捨て去ってこそ、
「不識」を体得することができるのです。

「君看双眼色、不語似無愁」と
(君看《み》よ双眼《そうげん》の色、語らざれば愁《うれ》い無きに似たり)
「ゲド戦記」

暑さ寒さも彼岸まで――三月のこの時期になると、自然とこの言葉が口から出てくるから不思議です。寺の境内の木々も厳しい冬の寒さを乗り越えて、待ちに待った春を歓迎し、その準備に勤しんでいるようです。樹齢五十年のソメイヨシノの蕾も気持ち膨らんでまいりました。

彼岸というのはもちろん仏教語です。苦しみの多い此岸《しがん》にいる私たちは、岸の向こう側に理想の世界を夢見て、それを彼岸と名付けるのです。

今回は、この苦しみの多い此岸に生きながらも、想いを人に「伝えたい」と日々生

「ゲド戦記」より

きる私たちのことを、「ゲド戦記」を見て感じたことをきっかけに書いてみたいと思います。

夕闇迫る雲の上
いつも一羽で飛んでいる
鷹はきっと悲しかろう
音も途絶えた風の中
空を掴んだその翼
休めることはできなくて
心を何にたとえよう　鷹のようなこの心
心を何にたとえよう　空を舞うよな悲しさを

「テルーの唄」より

「ゲド戦記」の劇場用パンフレットには、この唄の作詞もされた宮崎吾朗監督の次のような言葉がありました。

「『テルーの唄』は萩原朔太郎さんの『こころ』という詩を参考にしました。この映画に出てくる人はみんな孤独。そんなこの映画の気分がこの詩に描かれていたからです。人は一人で勝手に生きているわけじゃない。親から受けとるものもあれば、そのまた親から受け取るものもある。いずれは自分も、次に続く人たちにバトンタッチしていく。そうやっていろんな人に何かを分けたりもらったりしていくことが、生きていくことだと思う。歌詞にも映画にも僕のそんな想いを込めたつもりです」

私は「テルーの唄」が大好きです。あの唄を聴いていると、人生は確かに孤独で悲しいかもしれないけれど、自分自身がたくさんのご縁によって生かされていることを実感させられるからです。どんなに優秀でも、頭が良くても、力が強くても、一人で生きてゆくことはできません。あの崇高な鷹だって、一羽だけで生きているわけではないのですから。

「自分の心を何かにたとえる」ということは、とても難しいものだと思うのです。たとえば、「初恋」を言葉で表現してみるとどうでしょうか?　「甘酸っぱい」とか、「カルピスの味」とかいろいろ言葉が浮かんできますが、そもそも千人いれば千差万別で、同じ「初恋」などはあり得ません。考えてみると「初恋」というものも、実体験してみてはじめてわかるもので、それを的確に言葉で表現していくことは不可能に近いのかもしれません。

しかし、人間は何とか言葉で表現しようとします。何故でしょうか。それは他でもない、自分の気持ちを他へ「伝える」ためなのです。

禅の言葉も同じです。どうしても言葉で言い表すことのできない禅というものを表現するための語なのです。表現できないものを表現しているという、大きな矛盾のもとに存在しているのが禅語なのです。ですから、不思議な言葉なのかもしれません。それでも、長い歴史を経て、たくさんの禅僧たちが、何とか言葉にして伝えているのです。後世に生きる人が少しでも幸せに生きることができるように。また、次の世代の禅を担う僧がその禅の悟りの心境、境涯を得られるようにと。私は、禅語にそんな「思いやり」が込められていると強く思うのです。それこそ、星の数ほどある禅語の数だけ、たくさんの禅僧たちの「伝えたい」という想いがあるのです。

＊

今回紹介させていただく「君看双眼色、不語似無愁」（君看《み》よ双眼《そうげん》の色、語らざれば愁《うれ》い無きに似たり）という禅の言葉は、「伝える」ということを考えさせられる語です。まず、直訳してみるならば、「言葉にしなければ、私は悲しんでいないように見えるでしょう。でも、どうか私の二つの目（双眼）をよくご覧下さい」ということになります。しかし、この語の深いところは、これだけでは終わらないところです。「私の目を見て、言葉では言い表せない、その想いを感じ取って下さい」と、私たちは言葉の続きを受け取ることができるのです。

この禅語の主人公は、自分の想いを言葉にしないのではありません。言葉にできないくらい悲しいのです。かといって、大粒の涙を両目から流すわけでもなく、注視しなければ見逃してしまうほどの、その瞳の奥にあるわずかな潤《うる》みから、計り知れない大きな悲しみを感じて欲しいという嘆願なのです。

この禅語は、白隠禅師の言葉として有名ですが、調べてみると禅師が生まれる前の書物にも記載されていますので、創作というわけではないようです。おそらくは、古代中国で恋する女性の気持ちをうたった艶詩であるといわれています。

このシーンを想像してみましょう。ある女性が愛する人との別れにあたって、涙を流すわけにも、言葉で悲しさを伝えるわけにもいかない。恋人が戦いにいくのを見送るのか、それとも周りに知られてはならない秘密の恋なのか。そのような秘められた想いを感じ取って欲しいという願いが感じられます。このような恋愛の詩からも、禅の教えを見いだしてしまうところに、禅の自由自在さがあるのです。

もう数年前のことになりますが、私がNHK大河ドラマ「おんな城主　直虎」の禅宗指導をさせていただいた時に、思ってもみない形でこの言葉との出会いがありました。「耳をすませば」でも天沢聖司役の声優をされ、「おんな城主　直虎」では小野政次を演じておられた高橋一生さんが、この言葉を大切にされていたのです。

この禅語と出会って深い感銘を受けました。僕が俳優としてやっていくには、まさにこれをやらなくてはいけないだろうと思ったので、大河の撮影に入る前、自分でこの言葉を清書して額に入れて飾ったんです。

（『SPUR』〈集英社〉二〇一七年十一月号　インタビューより）

撮影の待ち時間に、真っ直ぐな眼差しで「この言葉のような俳優になりたい」と言われた時の彼の表情を、私は今でも忘れられません。俳優さんとして脚本家のイメージしたセリフ、カメラワークや照明、衣装やメイクなどなど、すべてのものに最大限の敬意を払いながらも、それらを超えたところの「眼」だけで視聴者に「伝える」ことができる演者を目指しておられるように思えたのです。私のこの文章もあるいは蛇足かもしれません。それこそ、高橋一生さんの演技にかける想いを、私は表現する術をもたないのです。

台本でいえば「……」という無言のセリフこそ、俳優さんの腕の見せ所なのかもしれません。「何も言わない」ことで伝えようとするのではなく、溢れるほどに伝えたい気持ちはあるのに、どうしても言葉に表すことができずに「何も言えない」ことも間違いなくあるはずだからです。

私たちは人知れず不安、悲しみ、憂いや恐れを心に抱きながら生きています。いちいち人に何か言葉にして言うわけでもなく、自分が背負ったものを心に住まわせながら日々を全うしているのです。つまりその感情と一体化して生きているのです。

そして、その想いを伝えるために、伝達者や表現者はあらゆる手段を駆使しているのです。言葉はあくまでも、気持ちを伝えるための一つの手段でしかないのですから。

大正時代に刊行された芥川龍之介の『羅生門』のページを開いてみると、まず見開きのページで「君看双眼色、不語似無愁」の言葉が目に飛び込んできます。どういうことなのかと不思議に思いながらページを繰ってみると、思わず息がとまりそうになります。というのも、そこには、「夏目漱石先生の霊前に献ず」と記されているからです。間違いなく芥川龍之介にとって、夏目漱石先生はかけがえのない人であったのでしょう。四十九歳という若さで亡くなってしまった夏目漱石先生への、尊敬、敬慕、追悼など、文字だけ、活字だけでは伝わらない何かを、この作品で伝えたい、そんな芥川龍之介の切なる願いが込められているように思えるのです。

映画「ゲド戦記」でも「人は一人で勝手に生きているわけじゃない」という宮崎吾朗監督の想いが、「テルーの唄」に込められて私たちに伝わるのです。あれだけ強く、たくましく、そして孤高で独りぼっちに見える鷹でさえも、一羽だけでは生きてはいかれない。それでも私たちは、自分の人生のゴールまでを、どうしても一人きりで走り切ろうとしてしまいます。だから、途中で疲れてしまうこともあれば、先のことを憂いて走ることを諦めてしまうこともあるのです。その考え方を変えることができれば、きっと見方も変わるはずです。人生は駅伝です。マラソンではありません。自分の与えられた区間を、自分が受け取ったバトンをしっかり持って走ればいいだけなのです。自分が天より与えられた区間が終われば、必ず誰かがそのバトンを受け取ってくれるのです。夏目漱石の意志を継いだ、芥川龍之介のように。心からそう思うことができたなら、肩の力が抜けて自然に走れるはずです。そして、そのバトンというものは、言葉では伝えきれないものであり、双眼の奥にあるものに、ほかならないのです。

禅語も言葉も、目的ではありません。ただ一つの手段でしかないのです。

映画のセリフも、唄も、詩もすべて言葉です。言葉の奥に何を感じて、そしてその感じ得たものを、どのように次の人に伝えていくか。この、言葉を超越して、さらに一歩踏み出した先に、「伝えたい」という想いがあるから、私たちは心を震わせることができるのです。

想いを人に「伝えたい」と
日々人は生きる――。

「大死一番《だいしいちばん》、絶後再び蘇る《ぜつごよみがえる》」と「魔女の宅急便」

「魔女の宅急便」より

「お願い、飛んで！」

おそらく、スクリーンの前にいた全ての人が、心の中でこう祈っていたと思います。「魔女の宅急便」のクライマックス。制御不能に陥った飛行船に吊りさげられた少年・トンボを助けるために、駆け出しの魔女である主人公のキキが、デッキブラシにまたがって踏ん張っているところです。時間にすればわずか数秒のことなのに、息を呑むような、とても長く感じる沈黙の後、キキの「飛べ！」という一声とともに、少女は大空に舞い上がるのです。

当時、ちょうど思春期にさしかかっていた私にとって、「魔女の宅急便」は特別な作品でした。人間には成長すると必ず訪れる、思春期という大人になるために用意された関門があります。生まれてからそれまで気にもしなかった、「自分である」ということが、急に難しくなる時期です。それぞれに経験の時期や程度に差こそあれ、どなたにも憶《おぼ》えがおありのことと思います。

お寺の子として生まれ育った私にもそんな時期がありました。家には若いお坊さんたちも一緒に住んでいるし、お彼岸には法衣《ほうえ》を着て、本堂でお経を唱える。私も当たり前のようにお経をお唱えして、頭は丸坊主。子どもが般若心経を諳《そら》んじて唱えることに、周りの大人は驚いて、喜んでくれる。それだけのことが嬉しくて、お経の意味などまったくわからないのに、得意になっていました。

そんな私も小学校にいって、周りの友達を見ていて思うのです。「何か自分は、他の人と違う」と。

普通の小学生になりたい。髪の毛も普通に伸ばしたいし、将来は自身が望む仕事につきたい。今まで空気のように当たり前にあったことに、次から次へと疑問がわいてくるのです。

そんな時、人間というものは、自分とはなんだろうと、どうしても探したくなるのです。

突き詰めて言うと、禅の修行もまさにそれで、「己事究明《こじきゅうめい》」という自分探しの旅なのです。「己《おのれ》を明らかにして究《きわ》める」ために、坐禅に打ち込んでいくのです。

キキもまさに思春期の女の子。両親の深い愛に包まれ育ちながらも、大人になるにつれて、自分の外見を気にしたり、異性を意識しはじめたりするのです。そして、自分も大人の仲間入りをしたのだから、何でもかんでも自分一人でできると思い込んでしまう。しかし、十三歳でひとり立ちをして飛び込んだ新しい街は、キキには優しいところではありませんでした。社会のルールや、人付き合い、嫉妬やあこがれ、生活などなど、次から次へと「生きることの難しさ」が、彼女の身に波のように、押し寄せてくるのです。

魔女は「血」で空を飛ぶことができる。絵描きは「血」で絵を描くことができる。

この「血」は自分で選ぶことができないものです。なぜなら、生まれた時に親から受け継いだものが「血」であるからです。お寺の子として生まれ育ち、そして結果的に世襲で僧侶となった私にとって、「血で飛ぶ」とは本当に印象的な言葉です。

個人的に冒頭にあげたこのシーンは大好きで、今回紹介する禅語が伝えようとしているものを、表現してくれているように思えるのです。

*

「大死《だいし》一番《いちばん》、絶後《ぜつご》再び蘇《よみがえ》る」――『碧巌録《へきがんろく》』という禅の語録にでてくる言葉です。

趙州《じょうしゅう》和尚という九世紀頃の中国の禅僧が、投子山《とうすざん》にいた大同《だいどう》和尚を訪ねた時のお話です。二人とも禅の道を究められた高僧です。ある学者さんによるとこの時、趙州和尚は百三歳で、大同和尚は六十二歳であったとか。

趙州和尚は「大死底《だいしてい》の人、却《かえ》って活《かっ》する時如何《いかん》。(死に切った人が、生き返って来た時はいかがか?)」と尋ねます。

対して大同和尚は、「夜行《やこう》を許さず、明《めい》に投《とう》じて、須《すべか》らく到るべし。(夜道は暗くて危うい、夜が明けてから出掛けるがよい)」と間髪容れずに答えるのです。

それでは、「大死底の人」とは、どういう人でしょうか。この「死」は肉体的な「死」ではありません。全てを失ったところ、自分というものを捨てきった「無」という状態です。その「無」をもさらに否定し、捨てきったところの真っ暗な世界を「大死一番」というのです。しかし、禅ではこの「大死一番」を悟りのゴールとはいたしません。ここから「絶後、再び蘇る」、大活《だいかつ》して現前《げんぜん》することが必要になるのです。そこには、目に見えるもの、耳から聞こえるもの、すべてが活《い》き活《い》きとした現実ありのままの明るい世界があるのです。

私たちは「無の境地」とは、何もない真っ暗闇の世界ではないかと考えてしまいます。しかし、「夜行を許さず」というように、そのようなものではないのです。夜が明けて、真昼間のように明るく、はっきりとそれぞれが輝いている世界こそ、私たちが求める「無の境地」なのです。自分自身が「大死一番」という極限の状態を経験してこそ初めて「無の境地」に到り得て、人は自由自在に生きていくことができると、この禅語は教えてくれているのです。

＊

この禅語の理解をさらに深めるために、「手を放てば深泉に没す、十方《じっぽう》光皓潔《こうけつ》たり」という言葉を置いてみましょう。これは、白隠禅師が描かれた『猿猴捉月図《えんこうそくげつず》』という禅画（左図参照）に見られる言葉です。かわいいお猿さんが、左手でしっかり枝をつかみながらも、右手で水に映った月を捉えようとするところがユーモラスに描かれています。これは、猿王が木の枝につかまり、さらに五百匹の猿が次々に連なって、井戸の中の月をとろうとするが、結局枝が折れてしまい、猿たちは水中に落ちてしまうという話をモチーフにしたものとされています。人間がどうしても心に抱いてしまう雑念や妄想を、水に映った月にたとえ、それを真理と見誤って求めてしまうことを指しているのです。

白隠禅師『猿猴捉月図』部分（龍雲寺蔵）

リーダーが間違ったものを目指して求めてしまうと、部下たちも一緒に水に落ちて失敗してしまう。リーダーたるもの、まやかしのものを求めてはならないと、私も最初は理解していたのですが、この禅画にはさらに深いメッセージがあります。

言われるまでもなく、猿が手を離してしまえば深い泉に落ちてしまいます。そして、辺り一面光が皓潔であるというのです。皓潔とは、辞書に訊《き》いてみますと、「白くてけがれなく、きよらかなこと」とあります。私はハッとしました。猿が大事そうに左手でしがみついている枝は何だろうか？　自分自身に置き換えてみれば、自分が今まで築いてきた立場や名誉でしょうか、それとも勉強して蓄えてきた知識や、積み重ねてきた経験でしょうか。自分がこれまでの人生において大切にしてきたものを、手放してみるとどうなるでしょう。間違いなく、猿のように泉に落ちてしまいます。そして、その時わかるのです。水面に映って、必死に手を伸ばして捕らえようとしていた月がまやかしであることに。また、泉に落ちて、水面から顔をだして気がつくのです。空には目指していたはずの月が、清らかに照らし続けていたことに。

キキはそれまで当たり前のように空を飛べていたのに、飛べなくなってしまいます。

彼女は一人きりで、悩んでもがいて、お母さんからもらった大切な箒も折れてしまう。今まで傍らで支えてくれた黒猫のジジも離れていってしまいます。自分で自分をコントロールできなくなってしまった彼女は、自分の持っていたものを何もかも失ってしまいます。しかし、これだけでは「大死一番」ではないのです。彼女の左手は、いまだ「失ってしまった」という喪失感にしがみついていたのです。そして、「トンボを助けたい」という一つの思いによって、その「失ってしまった」ということさえも捨て去り、生まれ持った力を自分のものとすることができたのです。つまり、飛ぶ力を再び手にしたのです。キキは絶後再び蘇り、親からもらった血の力で「当たり前」に飛ぶことができることこそ、「有り難い」ことであると気がつくのです。

キキがパン屋のカウンターから見る景色は、おそらく最初に街に来た頃と何ら変わらないものでしょう。しかし、見ている彼女は変わっているのです。「大死一番、絶後再び蘇る」を体験した彼女は、活き活きと自由自在に生きていくことができるのです。

「絵コンテと作画の作業を進めていくうちに、あらためてラストシーンをどうするべきかという議論が起きました。メインスタッフの間では、キキが奥様からケーキをプレゼントされるシーンで終わったほうがいいという意見が大勢を占めていました」（ジブリの教科書『魔女の宅急便』文春ジブリ文庫）という鈴木敏夫プロデューサーの言葉、本当に驚きでした。あの大団円で描かれていた再び蘇ったキキの姿がなかったら、禅の道にいる私の心をここまで動かすことはなかったと思うのです。

四月になり、暖かくなるにつれて龍雲寺境内の桜が咲き始めています。枝垂《しだ》れ桜、ソメイヨシノ、八重桜とそれぞれに春の訪れを告げてくれます。毎年同じように咲いている桜ですが、もちろん去年の桜ではありません。それを見ている私たちも同じように、去年の私たちとは異なるのです。大死一番、絶後、再び蘇ったキキが、そうであるように。

キキは、親からもらった血の力で
「当たり前」に飛ぶことができることこそ、
「有り難い」ことであると気がつくのです。

「一期《いちご》一会《いちえ》」と「風立ちぬ」

「風立ちぬ」より

「散る桜　残る桜も　散る桜」

どんなに綺麗な桜の花もやがて散ってしまう。そして残っている桜も例外なく散っていってしまいます。この句は、命あるものは必ず散ってしまうという、諸行無常の理《ことわり》をあらわしています。それでも、悲しんでばかりはいられません。花が散ったあとには緑の葉が芽生え、お寺の境内の木々も、いよいよ新緑の季節になってまいりました。そして、「植物は生きることだけに一生懸命」であることを、その緑は教えてくれます。

「生きて」――「風立ちぬ」の最後のシーン、たくさんの飛行機の残骸を横目に歩いてきた二郎に対して、菜穂子がかけた言葉です。DVD-BOX「宮崎駿監督作品集」に収められている映画評論家の町山智浩氏の文章「大いなる矛盾　宮崎駿全作品を観て」には、次のように記されています。

――宮崎駿監督によると、このラストシーンは、死んだ二郎が煉獄にいるつもりだったという。戦争責任を取って地獄に落ちるのか。そこに既に死んだ菜穂子が現れる。最初のシナリオで彼女のセリフは「来て」だった。彼女はベアトリーチェのように二郎の魂を救って天国に昇る。そうすればエンディングの荒井由実の『ひこうき雲』ともつながる。死んでいった「あの子」の気持ちは「ほかの人にはわからない」という歌詞だから。しかし、本人がさんざん悩んだ結果、セリフは「生きて」に変わった。

「来て」と「生きて」は、「い」というたった一文字のひらがなの有る無しですが、その意味の違いは明白です。その中に、宮崎監督の葛藤がうかがえます。さらに、追い打ちをかけるように、「風立ちぬ」のコピーである「生きねば。」という言葉が胸に突き刺さります。私は思わず次の詩を思い浮かべました。

死んだ人々は、還《かえ》ってこない以上、
生き残った人々は、何が判《わか》ればいい？

死んだ人々には、慨《なげ》く術《すべ》もない以上、
生き残った人々は、誰のこと、何を、慨《なげ》いたらいい？

死んだ人々は、もはや黙ってはいられぬ以上、
生き残った人々は沈黙を守るべきなのか？

これは、『きけ　わだつみのこえ――日本戦没学生の手記』（岩波文庫）の旧版序文に収録されている、フランスの現代詩人であるジャン・タルジューの短詩で、序文を書かれたフランス文学者・渡辺一夫氏が訳されたものです。

生き残った人々は何を判ればいいのか？　なぜ、人は生きねばならないのか？

それは「一期一会《いちごいちえ》」という禅語が教えてくれると思うのです。

みなさんもこの言葉はよく目にすると思います。もともとは完全な仏教語から成り立っており、禅と茶との深い関わり合いから、禅語としても扱われています。茶道の世界では最も有名な言葉といっても過言ではありません。しかし、今や禅や茶道の世界だけの言葉ではありません。一九九四年、トム・ハンクス主演でアカデミー賞をとった「フォレスト・ガンプ」という映画の邦題に「一期一会」が使われました。まさに「出会いと別れ」を表した名作が大ヒットをおさめるに伴い、この言葉も広く浸透しました。

まず、その語句を見てみましょう。「一期」これは仏教語で「一生涯」をあらわします。そして「一会」。これも仏教語で「多くの人による集まり、会合」を意味します。そうなると「一期一会」とは「一生に一度の会合」という意味になるでしょうか。この意味を踏まえて茶道の視点から見てみましょう。

茶道を大成させた千利休は、茶道の一番の心得として、「茶会に臨む際は、その機会を一生に一度のものと心得て、主客《しゅきゃく》ともにお互い誠意を尽くせ」と説きました。そして利休の弟子の一人、山上宗二《やまのうえそうじ》は自身の著書『山上宗二記』に「一期に一度の会」

と書き記しているのです。

しかし、この「一期一会」という言葉を確立したのは江戸時代の大老・井伊直弼《いいなおすけ》になります。一八六〇年の三月三日、雪降る江戸城桜田門外で水戸浪士らに襲撃を受け四十六歳の短い生涯を終えた井伊直弼は、名門である彦根藩主の井伊家に生まれながら、妾の子ということで長い間不遇の時代を過ごします。しかし、その間に茶道に精進し、石州《せきしゅう》流の茶人「宗観《そうかん》」として茶道の分野でも名をしられ、『茶湯《ちゃのゆ》一会集《いちえしゅう》』という著書を残しています。この序文とは次のようなものです。

「そもそも茶の湯の交会は、一期一会といいて、たとえば、幾度おなじ主客《しゅきゃく》交会《こうえ》するとも、今日の会に再びかえらざることを思えば、実にわれ一世一度なり」

つまりこれは、「たとえ同じ人に幾度会う機会があっても、今、この時の出会いは再びかえってくるものではない。一生涯に、ただ一度限りの出会いである故、一回一回の出会いに対して、命をかけて臨まなければならない」という意味です。

茶会ももちろんそう臨まなければなりませんが、この禅語は私たちの人生にも教え導いてくれるものがあるのです。

＊

「一期一会」とは、どういう生き方でしょうか？　私は「風立ちぬ」の二郎と菜穂子の生き方にそれを見たのです。二郎は妹の加代から、病院から抜け出し二郎と結婚した菜穂子について「病気の菜穂子が、このままではかわいそう」という意味のことを言われます。その時二郎は、「僕らは今、一日一日をとても大切に生きている」と答えます。

限られた二人の時間を、充実したものにしたいなら、どうして仕事を辞めて一緒にいてやらないんだ。また病人の隣でタバコを吸うなんて何事だと思う方もいらっしゃると思います。しかし、菜穂子はタバコを吸っているわずかな時間でも、最愛の人と手を繋いでいたい。二郎が飛行機の設計に没頭している姿を側で見続けていたい。二郎もそんな菜穂子の期待に応えるために、寝る間も惜しんで仕事に熱中していくのです。

主題歌の荒井由実さん作詞・作曲の『ひこうき雲』も、まさに「一期一会」を表現しています。

白い坂道が空まで続いていた
ゆらゆらかげろうが　あの子を包む
誰も気づかず　ただひとり
あの子は昇っていく
何もおそれない　そして舞い上がる

空に憧れて
空をかけてゆく
あの子の命は　ひこうき雲

松任谷（荒井）由実さんの『ルージュの伝言』（角川文庫）という本によれば、この歌は不治の病によって高校一年生で亡くなった、小学校の同級生の男の子がきっかけで作られたものとのこと。刻々と死が迫る日々の中で、入院中の病院の窓から毎日、毎日空を眺めている。おそらく色々な雲を見ては空想を膨らませていたのでしょう。一筋の飛行機雲を見ては、「どこに向かっているのかな？　どんな人たちが乗っているのだろう……」と、まるで大空を旅しているかのように思いを馳せていたのではないでしょうか。どこかに旅したくても、かなわない夢。空ばかり見ている状況を、周りの人が見たら、不憫だと思うかもしれません。しかし、この少年は悲観していたわけではないと思うのです。

一日一日生きることに精一杯、一日一日生きていくことだけで精一杯。お見舞いに来たお母さんと別れたら、もう二度と会うことはないかもしれない。今食べた食事が人生最後の食事になるかもしれない。「おやすみなさい」が最後に交わした言葉になるかもしれない。目を閉じて寝てしまったら、もう二度と目が覚めて起きることはないかもしれない。

しかし、この事実と向き合っていた彼にとって、目の前の一分一秒がとても貴重で、とても充実していたと思うのです。この気持ちは本人にしかわからない。他の人には決してうかがい知れないものなのです。彼はきっと何もおそれるものはなかったのではないでしょうか。なぜなら、彼は目前の今を、一生懸命生きていたから。周りの人たちは、若くして亡くなって不幸だったと思うかもしれませんが、本人は空に浮かぶ雲のように自由自在に空に飛び立ち、幸せになれたと信じることもできるのです。

*

「一期一会」はなにも死に対する恐怖や悲しみなどの感情を呼び起こすものではありません。積極的に豊かで幸せな人間的生き方を指し示してくれているのです。そして「会った時が別れの時」ということを教えてくれます。そう考えてみると、言葉の使い方も、ものの考え方も、身体の動作すべてにわたり、「これでいいのか」と自己判断ができるのです。

私たちの人生は、出会いの連続です。両親、恋人や友人、同僚、たくさんの人たちとの出会いがあります。もちろん出会いの対象は人間だけではありません。犬や猫、草木、自然、人生を変えるような書籍や、映画など、目の前のすべてのものとの出会いも含まれます。

お茶会だけではなく、人との出会いだけではなく、目の前の一つ一つのことまでも、この場限りと思って、一生懸命向き合っていく。今日一日で人生が終わってしまうという覚悟で臨めば、間違いなく人生は充実した幸せな時間となると思うのです。

桜田門外の変で、井伊直弼は抜刀せずに浪士たちに討たれたと歴史は教えてくれます。もしかしたら、すべてを受け入れる覚悟で生きていたのかもしれません。

「一期一会」という禅語の意味を体得することができれば、目の前の生を全うすべきであり、今を「生きねば。」と強く思うはずなのです。今を大切にしてはじめて、未来を正しく生きる道に通じるはずです。それこそ、何をしても決して還ってくることのない亡くなった方から、私たちが感じ取り、わからなくてはならないことだと思うのです。

「一期一会」の意味を体得すれば、
目の前の生を全うすべきであり、
今こそ「生きねば。」と強く思うはずなのです。
今を大切にしてはじめて、
未来を正しく生きる道に通じるはずなのです。

「当処即《とうしょすなわ》ち蓮華国《れんげこく》」と「火垂るの墓」

二〇一八年四月五日、高畑勲監督が亡くなられました。ミサイルの発射や紛争における化学兵器の使用など、不穏なニュースが続く中で、朝一番に飛び込んできた訃報でした。そして、日本テレビで追悼番組として「火垂るの墓」が放映されることになりました。私だけではなく「なぜ?」という想いを抱かれた方もおられたことでしょう。その理由は、「かぐや姫の物語」や「おもひでぽろぽろ」など、高畑監督を代表する作品は、他にもたくさんあるからです。もちろん「火垂るの墓」も、その一つであることは間違いないと思うのですが、何と言っても悲しすぎる作品なのです。私の

「火垂るの墓」より

身近なところでも、五歳から十歳で戦争を体験している父は、この映画は当時のことを思い出させ、「どうしても観ることができない」と言います。

そんな理由もあってか、ジブリファンの私でも小学生の時にテレビで一度観てから、避けて通ってきた「火垂るの墓」でした。しかし、今回は追悼の意味も込めて、しっかり作品と向き合ってみようと心に決め、一歳半の娘を寝かしつけてから、テレビの前に座りました。


率直な感想としては、子ども時代の記憶に残っていた通り悲しい物語でした。三十年前に観た時よりも、一人の親となって向き合うこの映画は、本当に胸を締め付けられるような凄みがあります。どうして十四歳の清太と四歳の節子は、死ななくてはならなかったのか？　二人が助かる道があったのではないか？　清太さえ親戚の家で我慢していれば、幸せな未来があったのではないか？　このように次から次へと、「なぜ？　どうして？」という想いが、波のように打ち寄せてくるのです。

おそらく当時の日本にはこのような、いやもっと悲惨な経験をした子どもたちが、たくさんいたのでしょう。戦争を知らない私でも、それがもたらした悲惨さは、まさに地獄さながらのものであったろうと考えてしまうのです。

＊

今回の禅語は「当処即ち蓮華国《とうしょすなわちれんげこく》」という『白隠禅師坐禅和讃《わさん》』というお経にある言葉です。白隠禅師は「達磨《だるま》『不識《ふしき》』と『もののけ姫』」の頁でも取り上げた臨済宗の高僧です。白隠禅師は静岡県の沼津で生まれ、幼名は岩次郎といいました。五歳の頃には海辺で雲の流れ行く様を眺めては、世の無常を感じて、涙するような子どもであったといいます。そんな岩次郎は十一歳の時に母に連れられて近くのお寺にお参りに行き、ある僧侶のお説で、地獄の恐ろしく苦しいありさまを聞かされて、すっかり震え上がってしまうのです。子どもですから、ケンカをすることもあれば、ウソをつくこともあります。魚釣りをして魚を殺したり、蛇でも蛙でも虫でも、無邪気に次々と殺してしまうこともありました。そんな岩次郎は、自分も必ず地獄に落ちてその苦しみを受けることになると絶望してしまうのです。

地獄へ落ちないようにするにはどうすればいいのか。岩次郎の頭の中には、このことしかなかったのでしょう。母の言いつけ通りに鎮守のお宮の天神様《てんじん》を熱心にお参りし、「観音経《かんのんぎょう》」というお経を、日々繰り返しお唱えしました。

ある日、村に人形芝居がやってきます。演目は「鍋かぶり日親《にっしん》」というもので、法度《はっと》を犯して法華宗《ほっけ》を布教した日親上人が捕らえられて役人からの責め苦にあい、「法華の行者は火に入っても焼けず、水に入っても溺れずというのは本当か？」と真っ赤に焼けた鍋を頭からかぶらされます。上人はしずかに題目《だいもく》を唱えながら合掌をします。もう焼け死んだだろうと鍋をとってみると、上人は微動だにせず題目を続けていたというお話です。

幼い岩次郎はこれを見て、信仰さえあれば地獄の苦しみにも勝ることができると喜び、いつにも増してお経を唱え、火にくべた鉄火箸を自分の太股にあてるのです。残念ながらお経には超人的な力はありませんでした。案の定、岩次郎はひどい火傷をおってしまいます。信仰さえあれば苦しみから逃れることができるという希望をも打ち砕かれ、岩次郎は、出家してちゃんとした修行を積む道しかないと、仏門への思いをますます募らせます。

地獄への恐怖心から仏道への出家を決めた岩次郎は、数十年にわたる厳しい修行の末、禅の悟りに到ります。そして自分が悟り得たものを、世間で苦しんでいる人々に広く伝えたいと、わかり易く日本語でまとめられたお経が『白隠禅師坐禅和讃』なのです。

このお経は「衆生《しゅじょう》本来仏《ほとけ》なり」という言葉からはじまります。衆生というのは、私たち「迷い悩む人たち」を、仏とは「幸せ」を意味しています。つまり、迷える私たちは、幸せを生まれながらに持っていると説いているのです。

そして、「水と氷のごとくにて」と続きます。身のまわりでおこる諸事に、頑なにこだわり、囚われ、動けなくなってしまった迷える私たちを「氷」に、あらゆるものを潤し、命を育み、自由自在に動きまわることができる幸せを「水」にたとえるのです。氷のような心を溶かせば水のように自由になれる。油を水にするのではなく、氷を溶かして水にするだけ。それは難しく不可能なことではないと、優しく背中をおしてくれるのです。

そして経文の最後にあるのが、「当処即ち蓮華国、此《こ》の身即ち仏なり」という禅語です。今まさにこの場所を、蓮華国つまり最高で最良だと思うことができたなら、人生は「幸せに満ちあふれている」と結ぶのです。外に幸せを求めてはいけない。今、目の前のことに幸せを求めていくことが大切であると白隠禅師は、二五〇年の年月を超えて、私たちに「幸せになるためのヒント」を与えてくれているのです。

＊

私はこの教えが大好きで、ことある毎に坐禅会で紹介しておりました。どうしても他と比べることで苦しんでしまう私たちにとって、「比べる必要はない」と、「今こそ最高だ」と、前向きに生きる指針を与えてくれる禅語だからです。しかし、ある時私は一つの質問を受けました。「世界で紛争に直面している子どもたちに、あなたは同じことを言えますか？」と。紛争地域で生活せざるを得ない子どもたちは、すぐ隣で命を落としている人がいて、自分たちもいつ命を落とすかわかりません。もちろん戦争や紛争だけではありません。食べるものがなく、不衛生な環境による伝染病などに苦しんでいる子どもたちは、世界中にたくさんいます。そんな悲惨な状況におかれている子どもたちに、「今、目の前こそ最高だと思う」というこの禅語を、果たして言えるでしょうか。私は何も答えることができませんでした。

目を覆いたくなるような悲惨な状況を目の前に、彼らは何を思って生きていくべきでしょうか？　どうしてもその答えが見つからない中、高畑監督の言葉の中に私は答えを見つけたのです。

二〇一五年八月十二日の朝日新聞のデジタル版で、映画の劇中よりも悲惨だったという自身の空爆体験を語った高畑勲監督は、こう言い切られるのです。「人間は悲惨さだけでは生きられない」と。そして続くインタビューに、こう答えられるのです。

「(「火垂るの墓」は)悲惨さだけを描いたつもりはない。子どもは楽しみや自由をみつける天才。戦争中も声をたてて笑い、ふざけ合う。自然とふれあいながら遊び、日常のささいな出来事で喜ぶ。そんな姿も描いた。そういう日常を破壊する戦争は絶対に許せない」

戦争が悲惨なものであることは間違いありません。戦後七十年以上たった今でもなお、その傷に苦しんでいる方もおられます。

私たちが生きる現代はどうでしょうか? 天災や異常気象、先行きが見えない閉塞感——戦争とまた違った意味で、まさに地獄といえる状況におかれているとも言えます。そんな私たちはどのように生きていけばいいのでしょうか。高畑監督は映画制作時にこう言っておられます。

「私たちはアニメーションで、困難に雄々しく立ち向かい、状況を切りひらき、たくましく生き抜く素晴らしい少年少女ばかりを描いて来た。しかし、現実には決して切りひらくことの出来ない状況がある。それは戦場と化した街や村であり、修羅と化す人の心である。そこで死ななければならないのは心やさしい現代の若者であり、私たちの半分である。アニメーションで勇気やたくましさを描くことはもちろん大切であるが、まず人と人がどうつながるかについて思いをはせることができる作品もまた必要であろう」（「火垂るの墓」記者発表用資料　一九八七年）

「火垂るの墓」はヒーローが活躍し、命をかけて愛する人を助けるわけでもなく、激しい戦闘シーンや残虐で悲惨なシーンに終始するわけでもありません。ジブリのプロデューサーの鈴木敏夫さんはご自身のラジオ番組で、高畑監督にふれてこのようにおっしゃっていました。「映画でお客さんに何を見せるか？　自分がまるで立ちあったかのような体験をさせるというのが、彼の手法の大きな一つ」と。高畑監督はその日常の生活の描写の中で、私たちに気づかせてくれるのです。私たちの人生には、どうしても切りひらくことが出来ない状況があることを。だからといってそのことに悲観していても仕方がありません。そんな中でも声をたてて笑い合い、自然とふれあいながら遊び、日常の中に楽しみを見いだしていくということの素晴らしさに気づかせてくれたのだと思います。これこそ「当処即ち蓮華国」の教えであり、亡くなられた高畑勲監督からのメッセージだと思うのです。

江戸時代の白隠禅師のまわりでも、農民たちが飢餓や疫病で苦しんでいたといいます。地獄を怖れ、地獄を目の当たりにしてきた白隠禅師だからこその言葉が、「当処即ち蓮華国」なのです。この禅語は、日常の中で自分の足もとをしっかり見なさいということに他なりません。目の前は地獄さながらかもしれません。それでも私たちは、「今ここ、目の前のこと」としっかり向き合い、それが最高で最良であると念じて生きるしかないのです。

鈴木敏夫さんの言葉を借りれば、宮崎駿監督は「（高畑勲監督の）代表作はやっぱり『火垂るの墓』だろう」とおっしゃっているとのこと（『火垂るの墓』文春ジブリ文庫）。この作品を追悼として放映したことで、たくさんの人たちの心に、高畑監督のメッセージが伝わったと思うのです。それを受け取った私たちはどう生きていくべきか？私も幸せそうに眠るおかっぱ頭の娘の寝顔を見ながら、この子たちの世代に生きるに値する素晴らしい世界を引き継がなければと想いを強くするのです。

自然とふれあいながら遊び、
日常の中に楽しみを見いだしていくことの
素晴らしさ！

「只在此山中　雲深不知処」と「となりのトトロ」

（只此《ただこ》の山中《さんちゅう》に在《あ》り、雲深《くもふか》くして処《ところ》を知《し》らず）

「となりのトトロ」より

夏になりました。お寺の夏と言えば「お盆の季節」の一言につきます。お盆は仏教語で正式には「盂蘭盆《うらぼん》」といい、サンスクリット語の「ウランバーナ」を音写したものと言われています。音を写した言葉ですので、給仕などに使うお盆とは無縁の言葉となり、その意味は「逆さ吊りの苦しみ」を指しています。つまり、「人生の真実を誤って、逆しまに見てしまう苦しみ」というのがお盆の本意になるのです。

お盆になるとお寺では施餓鬼棚《せがきだな》という祭壇を設けます。その四方にはいくつかの幡《はた》が飾られ、そこから「棚幡（タナバタ）」になったという説もあるのです。夏の暑い日には、その白い幡が涼しさを運んでくれる風にたなびいています。それは私が子どもの頃から見てきた懐かしい風景でもあります。

今回はそんな懐かしさが一杯に詰まった映画「となりのトトロ」を書かせていただきたいと思います。

私と「となりのトトロ」との出会いは、映画館ではなくテレビの前でした。

その放送をビデオに録画して、時には家族そろって、擦り切れるくらい見ていました。

昭和十五年生まれの父は、愛知県の農家の生まれでしたので、カンタの「自転車の三角乗り」のシーンを見る度に「懐かしい」と言っていました。同じ世代の男の子が、大人用の自転車を工夫して乗りこなしている姿や、サツキがお母さんに話す「田植え休み」という言葉も新鮮でしたが、子どもたちが大人の仕事を一緒に手伝っている光景も、小学生の私にとって衝撃的なものでした。

また、オープニングの、トラックの荷台に人は乗ってはいけないルールに則《のっと》りサツキとメイが、おまわりさんらしき人の姿を見て隠れるという場面にも、何かほっこりさせられます。私の生まれた頃には、まだそんな雰囲気があったでしょうか。まさに

「古き良き日本」といった感じで、そこに暮らす人の心や社会全体に、おおらかさと余裕があふれているようです。

宮崎駿監督による「となりのトトロ」の制作意図を読むと、まさにそのことが書かれていました。

中編アニメーション作品「となりのトトロ」の目指すものは、幸せな心温まる映画です。楽しい、清々した心で家路をたどれる映画。恋人たちはいとおしさを募らせ、親たちはしみじみと子供時代を想い出し、子供たちはトトロに会いたくて、神社の裏の探検や樹のぼりを始める。そんな映画をつくりたいのです。

（「となりのトトロ」企画書より）

＊

私はまだ生まれていなかったはずの時代の風景に、不思議と懐かしさを感じさせてくれる「となりのトトロ」は、まさに次の禅の言葉を思い出させます。それは「只在

此山中　雲深不知処（只此《ただこ》の山中《さんちゅう》に在《あ》り、雲深《くもふか》くして処《ところ》を知らず）」という禅語です。

この言葉は、中国唐代の詩人である賈島《かとう》（七七九〜八四三）の「隠者《いんじゃ》を尋ねて遇《あ》わず」から引用されたものになります。

松下《しょうか》　童子《どうじ》に問《と》えば
言《い》う　師《し》は薬《くすり》を採《と》り去《さ》ると
只此の山中に在り
雲深くして処を知らず

隠者とは仙人のことです。仙人を尋ねてきた人が、松の木の下にいた子どもに「仙人はどこにいらっしゃるか？」と問いかけます。それに対して童子は、「師匠は薬草を採りにいかれました」と答えるのです。

自分が探し求めている仙人は、この山のどこかには間違いなくいらっしゃるが、このように雲が深くてはどこにいるか一向にわからないという内容になります。

私はかって、静岡県のバスガイドさんが「静岡に来られたお客様は、一度も富士山が見えないと、がっかりされてしまう」と言ったのを思い出します。せっかく富士山のお膝元に来ても、天気が悪く雲が厚ければ、壮観な富士山の勇姿を拝むことができないのです。

もちろん、その時に富士山がどこかに行って、なくなってしまうわけではありません。ただ、霧や雲が邪魔をして、見ることができなくなってしまうだけなのです。富士山が目の前にあることは間違いないが、見せてと言われても見せようがない。このことを、今回の禅の言葉が表しているのです。

この禅の言葉を解き明かすのに、禅の世界には因縁深い問答があります。それは、「兜率三関《とそつさんかん》」と言われ、悟りへ到る三つの大きな関門と言われています。禅では関門がいくつか設けられていて、修行の入門に通る入口は「玄妙なる道に到る関門」ということで「玄関」の語源にもなっているのです。その一番目の関門がこちらになります。

兜率悦和尚《とそつえつおしょう》、三関《さんかん》を設《もう》けて学者《がくしゃ》に問《と》う、撥草参玄《はっそうさんげん》は只見性《ただけんしょう》を図《はか》る。即今《そっこん》、上人《しょうにん》の性《しょう》、甚《いず》れの処《ところ》にか在《あ》る

当時の修行僧は、草を撥《ひら》き、全国津々浦々に高僧を尋ねて修行を行っていました。東に高僧がいると聞けば歩いて東へ向かい、西に優れた禅僧がいると聞けば、今度は西に歩を向ける。このように修行僧たちは、それぞれの口コミを頼りに、見性《けんしょう》（悟り）を求めて東奔西走していたのです。日本全国を歩いて回るのも大変ですが、昔の中国の話ですから、その苦労は想像を絶するものがあります。

そんな大変な修行をしている若い僧に、兜率和尚は問いかけるのです。「おまえさんの心は、今どこにあるのか？」と。

「どこにあるのか？」と聞かれても、答えようがありません。その答えがわかっていたら、それこそ修行の旅にでる必要もありません。皆が必死に探し求めている心を、今ここで出してみなさいと兜率和尚は言うのです。

そしてこれは、当時の禅の修行者だけに問われているものではありません。現代を

生きる私たちも「自分の心」を求めて、毎日毎日追い求め続けているのです。しかし、なかなか容易に手にできるものではありません。そして、どこか遠い別の場所にあるのではないかと、悩み苦しんでしまうのです。

手を伸ばしても届かない。求めている「心」を手に入れることができずに苦しんでしまう。それはまるで、私の禅修行の時の様でした。

私も大学を卒業してから禅の道場に入門したのですが、恥ずかしながらその入門の動機は、「悟りを得たい」とか「世の為人の為に」というような、いわゆる高尚な理由ではありませんでした。

お寺に生まれた私は、その跡継ぎとして、僧侶の資格を取得しなければならなかったのです。そのために三年間の禅道場での修行年月が必要だったのです。

午前二時や三時といった朝早くに起きて、長時間の坐禅をし、自分の自由にできる時間も場所も全くないという禅の道場での生活は、現代に生まれた私にとって、まさに地獄のように辛く厳しいものがありました。

しかし、人間の慣れというものは本当に不思議なもので、薪を割って釜でご飯を炊いたり、畑仕事をしてお味噌汁の具材になる野菜を育てたり、雨の日には時代劇の武士の内職のように番傘を直したりといった、それまでの生活とは全くかけ離れた生活リズムにも、三年という年月が経過すると自然に順応していく自分がいたのです。

日常に追われる日々を過ごしていく中で、気が付いてみると、あっという間に一応の目標であった三年の月日が流れていました。それは一言で言ってしまえば、「早く終わって欲しい」と、まるで年季奉公のように「日めくりカレンダー」をめくっていくような毎日だったかもしれません。

そんなある日、私はとてつもない大きな壁にぶち当たるのです。

それは「大切な人との死別」でした。それまで当たり前のように目の前に存在し、話をし、時にはケンカをしていた人が、その瞬間から突然いなくなってしまったのです。「死」という大問題が、私に「生きる」ことについての大きな疑問を突然、落雷のように頭ごなしに突き付けたのです。

その日が私にとって本当の意味での「出家」になりました。千年以上の歴史と伝統のあるこの禅の修行。「きっと修行したその先には、黄金に輝くような言葉にできないくらい素晴らしい景色があるはず。そこに達すれば、自分を心底悩ませるこの

『死』という大問題を、解決に導いてくれるに違いない」と私は期待して、心新たに禅の修行に励むようになりました。私にとって「やらされる修行」から「やる修行」に変わった瞬間でした。

それから数年の月日が流れ、入門して九年が経ちました。しかし、すごい知識を蓄えたわけでもなければ、超能力を得たわけでもありませんでした。数年の年月を費やして、待ちに待ったその景色は、実は何ら今までと変わらない、日常の風景だったのです。

禅の道場での修行に取り組めば取り組むほど、自分の中で凝り固まっていた価値観が、崩れていったのです。それまで大事であると固執してしがみついていたもの、つまりは今まで築いてきた知識や経験というものを、自然に手放させてくれたのです。大切なものを手放して、捨て去って辿り着いた私の目の前には、当たり前の風景しかありませんでした。このことは前にも書かせていただきましたが、私の目の前に現れたのは、日本には春夏秋冬という『四季』があって、畑の野菜にはそれぞれ『旬』があったということだったのです。

夏にはトマト、秋にはナスが美味しくなって、冬になると大根が太くなる。井戸水は夏には気持ちいいくらい冷たくて、冬の米とぎの時には、お湯かなと思うほど温かくなる——。冬の寒さも、日が長くなれば段々暖かくなって桜が咲いて、雨の季節の後には、燦燦と陽光が降り注ぐ——。

これこそが、私の禅修行で得たものだったのです。「当たり前」と思われるこの世に起こる全ての事象ですが、実はそれらは奇跡の連続で成り立っていること——そのことを自分自身の心で体感し、それに心から「有り難い」と感謝できる自分に気づくこと。これこそ、禅が目指すところであると気づかせていただいたのです。

自分が本当に欲しい答えは、他人から教えられるものではなく、学んだり、読書したり、感動したり、挑戦し失敗したりする中で、自分が本来持っているものに気が付くしかありません。禅は何より「気づき」を大切にするのです。

今まで存在していないもの、なかったものを、ゼロから創造するのではなく、多忙な毎日の中で今まで見過ごしてしまっていたものに、ただ気づくだけでいいのです。目の前の雲さえ晴れれば、すぐそこに求めていた心があるのです。

＊

トトロという存在は、私たちが人生をかけて求めている自分の「本当の心」なのかもしれません。子どもの頃は、無我夢中で、毎日が発見の連続で、凝り固まったものの見方がなく、いつも目の前に心を見つめていられたのです。

しかし、人間として成長すると共に、学校に通い、仕事をして、恋をして、友人関係を築いていく中で、生きるための知識や経験を蓄えていくのです。自分を守るために鎧を身に着けて、傷つかずに生きていく準備をしていくのです。もちろん、快適に生きるために、それは必要不可欠なものです。しかし、「心」に気づくためには、それが妨げとなってしまうこともあるのです。鎧で身を覆いすぎて身動きが取れなくなってしまうように。そして、妨げである雲は、次第に濃く厚くなっていき、ついには視野を奪われて、私たちは本当の心を見失ってしまうのです。

宮崎監督の企画書には、次の言葉が続いていました。

忘れていたもの
気づかなかったもの
なくしてしまったと思い込んでいたもの
でも、それは今もあるのだと信じて「となりのトトロ」を提案します。

どこか山深きところに「トトロ」を探しに行っても、おそらく見つけ出すことはできないでしょう。それでも、「トトロ」はいないわけではないのです。病院でお母さんだけがふと、二人の娘の存在に気づくことができたように、私たちが生まれながらに持っている「純粋な心」を取り戻すことができたなら、きっとすぐとなりにいる。それが、私たちが求めていた本当の心であり、兜率和尚の問いかけであり、「トトロ」であると思うのです。
なぜなら、このへんないきものは、まだ日本にいるのだから。

トトロという存在は、
私たちが人生をかけて求めている
自分の「本当の心」なのかもしれません。

「日日是好日《にちにちこれこうじつ》」と「ホーホケキョ　となりの山田くん」

騒々しく境内に鳴きさかる蝉の声。長い間、暗い地中で過ごし、やっと外へ出られるのは一週間という短すぎる時間。それでも蝉はそんなことを気にするでもなく、死ぬ直前まで鳴き続けるのです。

頓《やが》て死ぬ　けしきは見えず　蝉の声

松尾芭蕉が亡くなる四年前の一六九〇年に作った俳句です。「頓て」は「間もなく」、

「ホーホケキョ　となりの山田くん」より

「けしき」は気色と書いて、「様子、兆し」を意味しています。つまり、芭蕉は蝉の命は短いが、今盛んに鳴いている声を聞くと、そういう気色はいささかも感じられないと詠んだのです。そしてこの句には、「無常迅速《むじょうじんそく》」という直筆の前書きが残されているといいます。「人の命は瞬時もとどまらない」、この無常迅速の理《ことわり》を蝉の鳴き声をもって表現しているのです。

今回とりあげるジブリ作品は「ホーホケキョ となりの山田くん」です。鈴木敏夫さんに言わせれば、元 日本テレビの会長、氏家齊一郎氏がジブリ作品の中で一番好きだった作品だそうです。かつて日本映画は、家族をしっかり扱う作品が多かったのに、それが途絶えて久しい時期に企画された、無謀な闘いであることは百も承知で、家族の崩壊を押しとどめるために挑戦した一本の映画、それが「ホーホケキョ となりの山田くん」だったのです。

「ホーホケキョ となりの山田くん」は、「となりのトトロ」に続く「となりシリーズ第二弾」であったとか。また、高畑勲監督の作品には「ほ」をつけるとヒットするからと、頭に「ホーホケキョ」をつけたという話には、思わずクスッと笑ってしまいました。たしかにこの作品は、たとえば「もののけ姫」や「火垂るの墓」のような、平和というものや社会に向けた何か胸に迫るような迫力はないかもしれません。ただ、クスクス笑っているうちに終わってしまう、何かわけがわからないけれど、終わると気が楽になる、私にとってそのような映画なのです。

また、この映画の特徴について、「レッドタートル ある島の物語」のマイケル・デュドク・ドゥ・ヴィット監督はこのように評されています。

「『となりの山田くん』の中で俳句をアニメーションの中に取り入れたというのは、本当に日本人にしかできないことだと思いますし、間とか、静寂、そしてそのすばらしい感性。そういったものがすべての映画の中に入っているというのは、やっぱり高畑さんのすばらしいところだなというふうに思います」（『熱風』（スタジオジブリ）二〇一六年十月号）

俳句と言えば、最近テレビで俳句の添削をするバラエティー番組があるのですが、とにかく面白いんです。両親をはじめ、お寺にいる若いお坊さんたちともよく一緒にテレビを囲みます。このように老若男女、誰でも楽しく見ることができるのが俳句の懐の深さなのでしょう。五七五というたった十七文字の中に、映像や情報を詰め込んでいく。この少ない言葉を色々な制限の中で、どのように変化させればさらによくなるかと推敲していく。無駄をそぎ落としながら、吟味して置いていく言葉たちが、私たちの想像力をさらに掻き立ててくれるのです。

冒頭であげた俳句は、映画「ホーホケキョ　となりの山田くん」の中でも置かれていました。

おばあちゃんのしげが、見舞いにいった入院中の老女のシーン。しげを見つけると髪をセットしてから、向かいのベッドの病人の不倫を楽しそうに話したり、病院をまるで自分の家のように、誇らしげに案内し、うどんは美味しく、コーヒーは不味いとコメントしたりします。ところが、「ところであんた、どこが悪いんや?」というしげの問いに泣き伏せってしまうのです。そして芭蕉のこの句が流れます。死期が近い中でも容姿を整え、美味しいものを食べ、笑いたい時に笑い、泣きたい時に泣く。今日をしっかり生きている老女がそこにいるのです。

＊

松尾芭蕉は茨城県・鹿嶋の根本寺《こんぽんじ》や、東京深川の臨川寺《りんせんじ》で、仏頂《ぶっちょう》禅師《ぜんじ》について禅の修行をして、禅の奥義に達したと言われています。この俳句もいわば禅の言葉ということができるでしょう。芭蕉はこの句で何を私たちに伝えようとしていたのでしょうか。今回取り上げる禅語は、それを考える手がかりにもなり得る「日日是好日《にちにちこれこうじつ》」という言葉です。

中国に雲門《うんもん》和尚という高僧がおられました。ある日修行僧に言うのです。

「十五日已前《いぜん》は汝に問わず、十五日已後《いご》、一句を道《い》いもち来たれ」

「十五日已前」とは、もう過ぎ去った「過去」を意味しています。「十五日已後」とは、「今、即今《そっこん》」と理解して、「今日までの過去は問わない。今日より後をどうしたらいいか。一つの言葉を持って来なさい」と、雲門和尚は修行僧に問いかけているのです。なかなか答える者がいない中で、雲門和尚はこう答えます。

「日日是好日」

素直に訳してみるのなら、「毎日は幸せに溢れたよい日」となります。しかし、私たちの人生は本当にその通りでしょうか？

身近で大事な人が亡くなったり、かわいがっていたペットが死んでしまったり、仕事や受験で失敗してしまったり、家族や恋人とケンカしてしまったり、怪我をしてしまったり……。よくよく考えてみると毎日が幸せどころか、不幸に満ち溢れている気さえするのが、人生と言えます。それでは、好日とは一体どんな日なのでしょうか？

この人生において、私たちに与えられている、過去と未来と現在という時間。この時間との関わりあいについて、お釈迦様は「中阿含経《ちゅうあごんきょう》」というお経でこのように説かれています。

「過ぎ去れるを追うことなかれ。いまだ来たらざるを念《ねが》うことなかれ。過去、そはすでに捨てられたり。未来、そはいまだ到らざるなり。されば、現在するところのものを、そのところにおいてよく観察すべし。揺らぐことなく、動ずることなく、そを見きわめ、そを実践すべし。ただ今日まさに作《な》すべきことを熱心になせ。たれか明日死のあることを知らんや」（増谷文雄『仏教百話』ちくま文庫）

過ぎ去った過去は、すでに捨てられたものであり、未来は未だ至らざるものである。であるから、何があっても動揺することなく、今ここにおいて自分を見極めて、「今、ここ」で何をすべきかということを見失ってはならないのです。人間は生き物である以上、いつどうなるかわかりません。いつ死んでしまうかもしれません。この「常なるものは無い」という無常な現実を目の前にしたならば、一日一日への臨み方も変わってくるのです。「今ここで何をしていくべきか?」——このことを日々全うしていくことができれば、そこに悪日はありません。毎日は好日でしかないのです。

また、夏の風物詩である「幽霊画」も、ゾクッと背筋が凍るようなひとときとともに迷える私たちに、同じことをメッセージとして届けてくれます。

風に揺れている黒く長い髪の毛は、「後ろ髪を引かれる」というように過去への囚われ。「恨めしや」と前に垂らした手は、未来への執着。ふと足下を見てみると、地に足がついていません。過去や未来にばかり気をとられ、肝心な「今、ここ」に心が置かれていないのです。この不気味な姿を見て、私たちは今、まさに目の前のことを大切にしなくてはならないことに気づかされるのです。

仏教は物事を現在進行形で考えていくのです。生きつつあることは、死につつあること。同じように死につつあることは、生きつつあること。生と死は表裏一体であって、自分の都合で切り離すことはできません。つまり、死を充実させようとするならば、今この生を充実させるしかないのです。

芭蕉はそのことを「辞世の句」にまつわる話で表現しています。芭蕉の辞世の句となればどれだけ素晴らしい俳句なのでしょうか？　芭蕉の死期が迫っていることを心配した門弟たちが、師匠に辞世の句を残して欲しいと懇願します。俳聖といわれる芭蕉であれば、どんな素晴らしい句を残されるのであろうか。俳句の歴史において未来永劫色あせない、人生の真理をあらわした句を期待したに違いありません。

しかし、門弟たちの期待はあっさりと裏切られます。まさに目から鱗であったでしょう。芭蕉の答えは、『芭蕉臨終記　花屋日記』（岩波文庫）に、このように記されているのです。

「きのふの発句はけふの辞世、今日の発句はあすの辞世、我生涯云捨てし句々、一句として辞世ならざるはなし。若我辞世はいかにと問う人あらば、此年ごろいひ捨おきし句、いづれなりとも辞世なりと申したまはれかし」

昨日の発句は、きょうの辞世、今日の発句こそ、明日の辞世である。生涯言い捨てし句、ことごとく辞世でないものはない。今まで作ってきた数え切れないほどの俳句。これらは、その時、そこで命が尽きてもいいという覚悟で生み出したものである。だからこそ、それらすべてが辞世の句であるというのです。『花屋日記』は偽書であると言われていても、おそらくここには芭蕉の本意があると思うのです。そしてこの心境こそ、「日日是好日」の生き方に他なりません。そんな芭蕉だからこそ、死ぬ直前まで鳴き続ける蟬の見事な生き方に、共感するとともに驚嘆したのでしょう。

*

鈴木敏夫さんは「ホーホケキョ　となりの山田くん」についてこのように書かれています。

「犬を含めて家族六人が好き勝手なことをやっているのに、気がつくと全員茶の間に集まっているという山田一家のたわいのない話。山田一家の特徴は、それぞれが昨日のことは水に流し、明日のことは吹く風まかせ。いつだって『いま、ここ』のことしか考えない。だけど、みんな、幸せだった」（『なごみ』（淡交社）二〇一七年二月号）

「日日是好日」がわかると、家族で食卓を囲む良さもわかります。家族とケンカして食卓を共にする気まずさは、なかなかのものです。それでもご飯を食べるためには、嫌な過去を、いつまでも引きずるわけにもいきません。一方で、「明日はどうにかなる」と楽しそうに生きている人と一緒にいると、小さなことに迷っている自分が小さく見えるものです。楽しいことも、悲しいことも、家族みんなで分かち合う。これこそ氏家齊一郎氏が言われる私たちが忘れてしまった「家族」というものであり、「ホーホケキョ となりの山田くん」が笑いとともに教えてくれるものなのです。

過去が変えられないのは誰もが知っています。それと同じように未来も変えられないのです。変えることができるのは「いま、ここ」だけ。その積み重ねが未来に繋がっていくのです。情報に溢れ、見返りを求めてしまう私たちだからこそ、「昨日のことは水に流し、明日のことは吹く風まかせ」という、「適当」な人生が私たちには必要なのかもしれません。

過去が変えられないと同じように、
未来も変えられない。
変えることができるのは
「いま、ここ」だけ。

「水自茫茫花自紅」と
（水は自《おの》ずから茫々《ぼうぼう》、花は自ずから紅《くれない》なり）
「レッドタートル ある島の物語」

「レッドタートル　ある島の物語」より

二〇一八年私は念願のインドに行ってきました。お坊さんとして生きている以上、一度は訪れてみたい国の一つでした。東京にある禅宗のお寺のツアーで、十数名のお坊さんたちとの旅です。飛行機の中で、吉野源三郎著『君たちはどう生きるか』を読みながら、果てしなく聳《そび》えるエベレスト山の連なりを眺め、クラクションが鳴り止まない喧騒の中に降り立ちました。

たくさんの人たちの生活力に圧倒されながらも、仏教の聖地に向かいます。そして、仏教の開祖であるお釈迦様が悟りを開かれたブッダガヤという地に根ざしている菩提樹（現在四代目と言われる）を下から眺め、教えを伝えた霊鷲山《りょうじゅせん》という高い山の頂上に座ってみると、まるで二千五百年前のお釈迦様の息吹を感じるようで、何とも身の引き締まる思いがしました。続いてお釈迦様がはじめて法を説かれた地、サールナートに向かう途中に立ち寄ったガンジス川を目の前に、私は言葉を失ったのでした。

川岸の火葬場では遺体を燃すために薪の枠組みの上に火がたかれ、残された遺族たちがそれを見守っている。その横では黙々と女性たちが川の水で洗濯をしている。目を移せば敬虔なヒンドゥー教徒が祈りながら沐浴している。そこでは人間の生活はもちろん、その信仰も、人の生き死にさえもすべてガンジスの流れの中にあったのです。雄大なガンジスの自然はそのことを、無言の内にただただ私に教えてくれたのです。

＊

時に自然は私たちに大きな力を与えてくれます。壮大な景色を前に、身震いがするくらい、涙が出るくらい感動した経験は誰しも持っているのではないでしょうか。そして、自然は落ち込んでいた気持ちを励ましてくれ、勇気や元気を与えてくれます。

一方で時に自然は凶暴です。いかに科学や技術が進歩しても、一度荒れ狂った自然を前にして人は手も足も出すことができません。その中で、私たちはたくさんの大切なものを奪い去られることも往々にしてあるのです。

ジブリの映画には、自然と深く結びついているものが多くあるように思えます。その中でも特に直感的に自然を表現しているのは、「レッドタートル　ある島の物語」ではないでしょうか。

ある無人島に一人の男が流れ着くところから、この物語ははじまります。男は一人だけの孤独な世界で、自分というものと向き合うのです。そして、不思議な出会いがあって、恋に落ち子どもを授かります。親子三人で、大自然の中で日々の生活を送りながら、ある時自然の猛威に遭ってしまうのです。親子は何とか難を逃れます。成長した子どもは自立して旅立ち、やがて主人公は死を迎えます。始めから終わりまで、セリフが一つもなく、物語の背景すらわからない。ある意味、特殊と呼べるこの作品を観ながら、私は禅の書物である『十牛図《じゅうぎゅうず》』（次頁参照）を思い浮かべました。

『十牛図』は、十二世紀に中国で作られた禅のテキストと言われています。人間が本来持っている仏性《ぶっしょう》（仏の心）を、中国で最も身近な動物である牛にたとえ、その仏性を求める修行の過程を、牧人が牛を飼い慣らすのになぞらえて、十枚の絵とコメント

④得《とく》牛《ぎゅう》

手綱を使って力ずくで牛を捕まえ得たところ。牛はまだまだ思い通りにならない。

⑤牧《ぼく》牛《ぎゅう》

手綱もゆるみ、牛を手なずけることができた。努力の甲斐あって、牛がすっかり我が物となり、日常生活において自由自在となったところ。

⑥騎《き》牛《ぎゅう》帰《き》家《か》

牛の背に乗り、笛を吹きながら家路につくところ。己の心の欲するままに鼻歌気分で、我が心の故郷へ帰りゆくさま。

⑩入鄽垂手《にってんすいしゅ》

市街に入って、救いの手を垂れるところ。ここまでくると日常の一言一句、一挙一動が、そのまま人を救うこととなる。

所蔵／相国寺

十牛図

牛とは、私たちが生まれながらにもっている、本当の自分、真実の自己、仏の心（仏性）をいう。その失われた牛（仏性）を探し求める方法を十の段階に分けたものが「十牛図」である。

①尋牛《じんぎゅう》

牛（仏性）を見失った牧童は、牛を尋ね求めようと決心し旅にでる。

②見跡《けんせき》

旅に出た牧童は、ついに牛の足跡を見つける。さりとて、まだまだ本物ではない。わずかに跡形を発見しただけのこと。

③見牛《けんぎゅう》

「モー」という鳴き声をたよりに、牛をおぼろげに、見いだしたところ。

⑦忘牛存人《ぼうぎゅうぞんにん》

家にもどった牧童は牛のことを忘れてしまう。牛と自分はもともと一つであったことを、しみじみと理解するところ。

⑧人牛倶忘《にんぎゅうぐぼう》

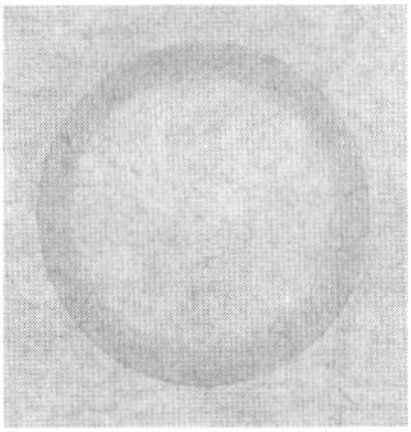

牛という相手がなくなったら、いつの間にか自分という存在も無くなった。すべてが忘れ去られた「無」という心境のこと。

⑨返本還源《へんぽんかんげん》

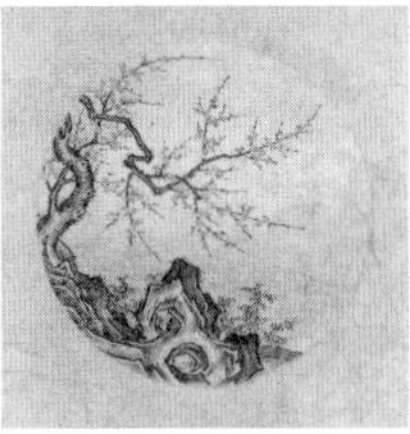

「無」の心持ちより一歩踏み出し、以前の現実世界に立ち返ったところ。依然として目の前には同じ風景が広がっているが、どことなく以前とは異なるところがある。

で表現しています。牛を見失った牧人が、再び牛を見つけ出し、野生に戻っていた牛を飼い慣らしながら、牛との一体を目指していく。十枚の図は、それぞれ禅修行の段階を表現していて、禅の悟りを目指す一つの行程を指しているのです。

そして、「仏性」とされるこの牛こそ、知識や経験を具える前の「本当の自分」にほかなりません。生まれながらに私たちに具わっていたはずの「本当の自分」ですが、成長して学校に行ったり、仕事をしたり、恋愛をしたりと、社会に溶け込んでいく中で私たちはそれを見失ってしまうのです。慌ただしい日常の中で、人生の苦境に立たされた時、私たちはある日突然、「本当の自分とは何者か？」と、大きな疑問にぶち当たるのです。そしてそれを乗り越えるために「本当の自分」を探し求める。それこそが、自分探しの旅のはじまり、つまり『十牛図』のスタートになるのです。

牛を探している牧人は私たち自身にほかなりません。禅の世界では、そのために自分自身と向き合っていくのです。そしてやっとの思いで牛を探し、見つけ出して飼い慣らし、牛と一体になってゆく。七番目の図には牛がいなくなり、そして八番目には、探している当の本人である牧人までいなくなってしまうのです。ここは、迷いも悟りもなくなってしまった、いわゆる「無」という心の状況を指しています。自分の好きも嫌いも、生きるも死ぬも、何もかもが無い。ここが悟りの終点かと思いきや、そこで留まらないところが、禅の面白いところなのです。そこからさらに一歩進めるとどうなるのか？　息をのむ思いでページを繰ってみると、九番目の図には、花が咲き乱れ、水が流れている様子が描かれているのです。

この九番目の図にまつわる禅語が、今回ご紹介する「水自茫茫花自紅（水は自《おの》ずから茫々《ぼうぼう》、花は自ずから紅《くれない》なり）」です。

ただ、水ははるかに流れ、花は紅に咲いている。言葉の意味だけをみれば、これだけの語句になります。

この『十牛図』の九番目は「返本還源《へんぽんかんげん》（本に返り源に還る）」と題され、はじめに返り源に立ち還ることを意味します。一大決心をして牛を探しに出発し、終には牛を見つけて、迷いも悟りもなくなった「無の心」を手にいれることができた。そしてそこから一歩ふみこんでみると、最終的にはいつもと同じ景色、つまり振り出しに戻るということになります。苦労を重ね一生懸命「本当の自分」を探すために、修行をつんできたはずが、修行を達成していざ目の前を見てみると、何のことはありません。目の前にはいつもと変わらぬ景色が広がっているのです。『五燈会元《ごとうえげん》』という禅の書物には次のような内容が書いてあります。哲学者の上田閑照《しずてる》氏と中国禅宗史研究者の柳田聖山《せいざん》氏のおふたりが読み解いたものを、引用させていただきます。

「まだ参禅していないとき、山を見れば山であり、水を見れば水であった。後に禅に参じて悟るところがあってから、山を見ても山ではなく、水を見ても水でなくなった。ところが、今このドンヅマリの処がわかってみると、依然として山を見れば山であり、水を見れば水である」（上田閑照・柳田聖山著『十牛図』筑摩書房）

参禅とは禅の修行であり、悟りという「本当の自分」を見つけることがたとえ成就したとしても、修行する前と何も変わらないというのです。

＊

私はここに書いてあることと同じメッセージを、谷川俊太郎氏の次の詩に見たのです。

Red Turtle に寄せて　　谷川俊太郎

水平線を背に何ひとつ持たず
荒れ狂う波に逆らって
生まれたての赤ん坊のように
男が海からあがってくる

どこなのか　ここは
いつなのか　いまは
どこから来たのか
どこへ行くのか　いのちは？

空と海の永遠に連なる
暦では計れない時
世界は言葉では答えない
もうひとつのいのちで答える

私たち禅の世界では、実は「生まれたての赤ん坊」を目指して修行しているといっても過言ではありません。赤ん坊は知識や経験を参考にしようにも、蓄えたものがありません。いつ何時もごく自然に、笑いたい時に笑い、泣きたい時に泣く。そしてそこには何の囚われもありません。これこそ「本当の自分」であり、『十牛図』でいうと八番目の「無」の境地でもあるのです。

そういえば、インド人のガイドさんはこのようなことを言っていました。「ガンジスで沐浴すると、生まれたての赤ん坊に戻ることができる。全ての罪をガンジスが洗い流してくれる」と。

ヒンドゥー教徒にとって、一生に一度は必ずガンジスに行き沐浴したいという、何物にも代えがたい宿願があるといいます。どうしても生きる上で積み重ねざるを得ない罪を洗い流すために、長い旅路を経て、十日間の断食をしてから臨むという真摯な姿勢。彼らはガンジスの流れの中で何を想うのでしょう。念願の沐浴をして、すべての罪を取り払って、赤子のような心で、何を見るのでしょうか?

仮に家の中で目隠しをして耳栓をしていたらどうでしょうか? 外で何かあっても何も知る由もありません。人間の感覚器官のすべての窓を閉めて、何も思うところもない鏡のような心でいることが「本当の自分」ということです。しかし禅では、その「何も無いところ」に留まることを許しません。禅の修行は「悟後《ごご》の修行（悟りの後の修行）」を大切にするのです。その何も無いところから一転、すべての感覚の窓を開け放ち外の世界を見てみれば、「水は自ずから茫々、花は自ずから紅なり」の世界が広がっているのです。そしてその自然のありのままに、変わることのない真理が宿っていることを直感し、これこそ、真実であると気づくことができるのです。

「レッドタートル」の絵本に文をつけられた作家の池澤夏樹氏は、このように表現されています。

「一番大事なのは、これ、大変に静かな話だということ。控え目であって、抑制が利いていて、押しつけがましいところがまるでない。事は淡々と流れていって、驚くところも、どんでん返しもあるかもしれないけど、それを押しつけはしない」（『熱風』〈スタジオジブリ〉二〇一六年一〇月号）

お釈迦様は、菩提樹の下で坐禅を組み、明けの明星（金星）の光をご覧になって、悟りを開かれました。菩提樹のぬくもり、金星の光、その中にこそ自分が求めているものがあることを確信されたのです。しかし、星や樹木は何かを押しつけているわけではありません。ただ、そこにあるだけなのです。

「天空の城ラピュタ」のエンディングも、「風の谷のナウシカ」も「平成狸合戦ぽんぽこ」も壮大な自然と人間との関わり合いを描いています。その中でも「レッドタートル」は直感的に教えてくれているのです。人間は結局自然の一部であり自然と切り離すことはできないということを。

「レッドタートル」のマイケル・デュドク・ドゥ・ヴィット監督の言葉は、さらに私たちの考えを深めてくれます。

「自然は人間の向こう側に存在しているのではなくて、自然は私たちと同じように生きている」（『熱風』〈スタジオジブリ〉二〇一六年一〇月号）

私たちはこのことを頭で理解しているつもりでも、なかなか自分のものとすることができません。なぜなら、そのために牛を探すこと、つまり「本当の自分」が何者なのかを知ることが不可欠だからです。「本当の自分」を究めてこそ、目の前に当たり前に存在している自然の中に生きていることを実感することができるのです。

私たちの人生も大きな視点でみれば、漂流した男と何ら変わりません。自分の命が尽きたとしても、ただただ季節は巡り、花は咲いて、水は流れているのです。主人公はたった一人で島に流れ着き、悲しい思いも、辛い思いも一人で抱え、島から逃れる努力もし尽くしました。一方では恋に落ちて子をなし、成長を見守り、旅立ちを見送ることができました。そして彼の命は尽きるのです。それでも、島ではただ日が昇り、波は砂浜に打ち寄せる。水ははるかに流れ、花は紅に咲いているのです。

私はインドで目の当たりにしたガンジスの悠久な流れの中に、「水自茫茫花自紅(水は自ずから茫々、花は自ずから紅なり)」の真意を見たような気がするのです。

人々の生活、格差、牛、宗教、死などなど、すべてのものがガンジスと共にありました。まさにその景色は、「君たちはどう生きるか?」という問いを、私の胸に突き付けたのでした。

禅では「無」に留まることを許しません。

なにも無いところから一転、
すべての感覚の窓を開け放ち外の世界を見てみれば、

「水は自ずから茫々、花は自ずから紅なり」

の世界が広がっています。

「応無《おうむ》所住《しょじゅう》而《に》生《しょう》其《ご》心《しん》」と「かぐや姫の物語」

（応《まさ》に住《じゅう》する所無《な》くして、其《そ》の心《こころ》を生《しょう》ずべし）

なんとも清々しい秋の夜。暑い夏が終わり、次第に厳しい寒さの冬に近づいていく、少しだけ寂しい空気感。秋の夜長ともいわれるその夜に、境内の空高く皎皎《こうこう》と輝く美しい満月。詩人でなくとも、何か一つ言葉を置いてみたくなります。月は「月見酒」というようにお酒のつまみにもなり、暗い夜道を歩く人には、足もとを照らす灯りにもなり、またある時は狼男への変身のきっかけにもなります。仏教の生まれた国であるインドでも、お釈迦様の誕生日や悟りをひらかれた日は満月の日とされているとか。一方では月は「死者の国」ともいわれるように、人間と月との関わり合いは、なかな

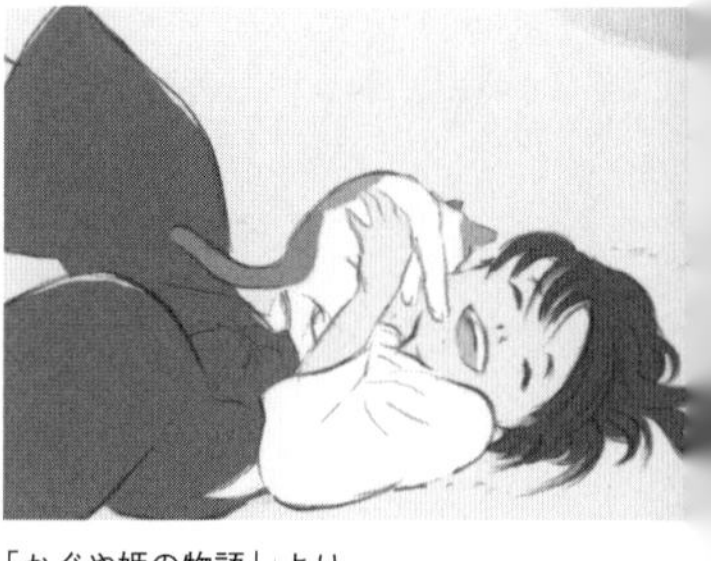

「かぐや姫の物語」より

かはかりきれないものがあります。

私たち禅の世界でも月は特別なものとされています。目指すべき究極の目標である「禅の悟り」を、月にたとえるのです。その理由は、月は万人を差別なく照らす普遍性を持つとともに、ただ一つしかない絶対の存在であるからです。そして、月は水さえ澄んでいれば、どの川や池にも、はたまた身近な水たまりでさえも、影を落とすという平等性を持ち合わせているのです。そしてそこには、照らそう、照らされようというような、何の計らいもありません。

また、満月の持つその「円《まど》かな形」も、言葉では表現しきれない禅の悟りを表しているのです。それは、欠けることもなく、余すこともなく、始まりもなく、終わりもそこにはないということです。

ここでふと私は疑問に思うのです。同じ円かな形をしている生命の根源である太陽ではなく、なぜ月を悟りにたとえるのでしょうか？　色々考えてみました。そして自分なりにひねり出した答えは三つあります。まず一つ目は、自分自身では光らないところ。自分一人では生きていけない、世界の関係性の上でしか成り立つことができないのが人間です。だからこそ、禅の悟りを表すのは、自ら輝く太陽ではなく、月なのです。そして二つ目は、真っ暗な闇夜を照らすものであるところ。悩み苦しむこの世が暗闇であるならば、暗闇を取り除くことに執心するのではなく、灯りを持ち込めば周りは明るくなることを月は教えてくれるのです。そして最後は新月です。新月の夜には月は見当たりませんが、もちろんなくなったわけではありません。あるにはあるのだけれども、光が当たらないとその存在に私たちは気づくことができないのです。そして、見えない月、すなわち悟りを指して導いてくれるのが禅語です。月のありかを指し示す指のように、禅語の示す先を見つめることができたなら、私たちは月を拝むことができるのです。

今回取り上げるジブリ作品は、「かぐや姫の物語」です。言うまでもなく原作は高校の古文でもおなじみの「竹取物語」であり、亡くなられた高畑勲監督の代表作と言われています。光り輝く竹の中からお人形のようなかわいらしい女の子が生まれ、竹取の翁夫婦に大切に育てられながら美しい姫となり、高貴な求婚者たちは無理難題を設けて退け、満月の夜にやって来た迎えとともに月に帰っていく物語。日本人なら誰もが知っている昔話の一つです。

かぐや姫がまだ幼い頃の「タケノコ」と呼ばれていた時、姫は泥だらけになりながら、村の子どもたちと遊んでいます。彼女の心には、何ら屈託もなく、無垢の笑顔を振りまいて、子どもたちと楽しく暮らしています。それでも、姫の幸せだけを考えて仕えている翁は、その笑顔だけでは満足しません。「都にあがって高貴な姫君となり、貴公子に見初められることこそがヒメの幸せ」と、たくさんの金を得たことをきっかけに、都に住んで姫の縁談にいそしんでしまうのです。

この「かぐや姫の物語」を見ていると、「応無所住而生其心（応《まさ》に住《じゅう》する所無《な》くして、其《そ》の心《こころ》を生《しょう》ずべし）」という禅語が頭に浮かびます。この句は、「金剛経《こんごうきょう》」というお経の眼目《がんもく》、つまり一番大事なところといわれています。このお経では「求道者や優れた人々は、このようにとらわれない心を起こさなければならない。声や香りや味や触れられるものや意識の対象に、とらわれた心を起こしてはならない。応に住する所無くして、其の心を生ずべし」と説くのです。「住する」とは、心がとらわれること、一カ所に心が停滞すること、引っかかること、執着《しゅうじゃく》することを示しています。この「住」こそが、人間が生きていく上でのすべての迷いを生み出す根本的な原因であるというのです。ここで肝心なのは、「住する所が無い」ということで、それは「心は自由自在に働きながら、それでいて止まる所が無い」ということになるのです。
また、この禅語は、中国の名僧であり、達磨大師の禅の流れを継ぐ六祖慧能禅師《ろくそえのうぜんじ》が禅門に入る契機となった句といわれています。中国広東省の貧しい薪売りであった慧能禅師は、ある日街で僧侶が金剛経を読経している場面に遭遇します。その中で「応無所住而生其心」の一語に出会い感動して出家を志し、この言葉の先に悟りを見出したのです。

皆さんは、普段であれば何も考えずにできていることなのに、緊張したり、意識してみるとできなくなった経験はありませんか？　私の場合、お経の暗唱などがそうなのですが、読むべき経本の先の言葉を頭に思い描いたり、前の言葉の意味などを引きずってしまうと、小さい頃から当たり前にそらで読めていたものが、突如次の言句がでてこなくなってしまうのです。

それはきっとその時、私の心が他のものにとらわれて止まってしまい、動けなくなってしまったのでしょう。人間は時として、眼で見たもの、耳で聞いたもの、鼻でかいだもの、舌で味わうもの、身体で感じるもの、心に思うもの、それらに惑わされ、とらわれてしまうからです。

*

江戸時代に活躍した禅僧で、漬物の「たくあん」を考案したとされる沢庵禅師《たくあんぜんじ》が、剣の名人である柳生《やぎゅう》但馬守《たじまのかみ》に与えた『不動智神妙録《ふどうちしんみょうろく》』という書物には、「応無所住而生其心」についてこのように記されています。

「敬《けい》の字の心は、心がよそに働こうとするのを抑制して、よそにはやるまい、よそに働けば乱れると考え、少しの油断もなく、心を引きしめておく状態です。こうやっているのは、さしあたり、自分の心を散らさぬようにするための、一時的な方法です。何時もこんなことをしているのは、息がつまるほど不自由なことです。たとえば雀の子が猫につかまえられたというので、二度とそんなことがないよう、猫に縄をつけ、少しも油断なく縄をしばりつけておくようなものです。

自分の心を縄をつけた猫のように不自由な状態にしておいては、思うままに振る舞うこともできません。それより猫が雀をとらぬよう、猫の方をよくしつけておけば、たとえ放ったらかしにして、猫が雀と一緒にいてもだいじょうぶなようにしておくことです。応無所住而生其心とはそういうことなのです。自分の心を、縄をはずした猫のように自由気ままにさせ、それでも心が止まらないようにすることです」(『沢庵　不動智神妙録』(たちばな出版) 池田諭訳)

この「敬の字」とは、「精神を集中して、心を移さないこと」を意味しています。心を一つの所に定めて、他所にやらないということです。とても大事なことのように思えますが、沢庵禅師はこの「敬の字」を最良とはしていません。道を求める修行の最中であれば、心を乱さないことはもちろん大切です。しかし、修行を積むことにより、たとえ心をどこかに放り出したとしても、自由自在に働かせることができるようになる。つまり、かぐや姫が「あら、つないでおくなんて可哀想よ」と猫を放すシーンこそ、道を求める上では必要不可欠となるのです。

人間が生きていくということは、たくさんの物事と出会うことと同義です。喜怒哀楽という感情だけではとても足りないくらい、色々なものに私たちの心は奪われてしまうのです。それこそ、一喜一憂して、満たされては傷つきながら、笑っては泣きながら、日々を重ねていくのです。それらに心が乱されないようにするには、感情に蓋をして「見ざる聞かざる言わざる」を決め込むことがいいように思うかもしれません。人と出会わなければ、その関係で悩むこともありません。ペットを飼わなければ、死別して悲しむこともないでしょう。しかし、果たしてそれでいいでしょうか？　かぐや姫は教えてくれます。「高貴な姫君だって、汗をかくし、時にはゲラゲラ笑いたいことだってあるはずよ！　涙が止まらないことだって、怒鳴りたくなることだってあるわ」と。それがないのが高貴の姫君というのであれば、高貴の姫君は人ではないと。見て、聞いて、言って、確かに傷つくこともあるかもしれません。ただ、そこにいつまでも心を止めなければいいのです。このような「応無所住而生其心」の生き方を自分のものとすることこそ、「禅の悟り」に他ならないのです。

ただ一度だけ、帝に後ろから抱きつかれたかぐや姫の心は、「もうここにはいたくない」と止まってしまうのです。千本の手を持っている千手観音は、その中のただ一つの手に気を取られてしまうと、残りの九九九本の手は使えなくなると言われています。何事にも自由自在に心を動かすことができたかぐや姫も、終いには一つの感情にとらわれ、身動きがとれなくなってしまったのです。

月から迎えにくるシーン。月の使者より「さあ、参りましょう。清らかな月の都にお戻りになれば、そのように心ざわめくこともなく、この地の穢《けが》れも拭い去れましょう」と言われ、かぐや姫は我に返って反抗します。「穢れてなんかいないわ！　喜びも悲しみも、この地に生きるものはみんな彩りに満ちて……鳥、虫、けもの、草、木、花、人の情けを」というセリフを噛みしめながら、私は思うのです。かぐや姫は、確かに「我が儘」な姫かもしれません。しかし、自分勝手の「我が儘」ではなく、応無所住で自由自在の「我が儘」であると。

人生の苦しみをなくす一番有効的な手段は、感情を持たなくなるということかもしれません。しかし、そのような彩りのない世界で生きることが、私たちの本分でしょうか？　笑いたい時に笑い、泣きたい時に泣く。そしてそこに停滞しないという生き方こそ、私たちの人生を幸せに全うすることにつながっていくと信じるのです。

笑いたい時に笑い、
泣きたい時に泣く。
そしてそこに
停滞しないという生き方。

「随所作主　立処皆真」と
（随所《ずいしょ》に主《しゅ》と作《な》れば、立処皆真《りっしょみなしん》なり）
「千と千尋の神隠し」

「千と千尋の神隠し」より

日が次第に短くなり、境内の木々も色づき始めてきました。冬の足音が聞こえる季節。この頃の身が引き締まるような空気は私に、禅の修行時代を思い出させます。修行道場では十二月一日から、「臘八大攝心《ろうはつだいぜっしん》」という七日間の修行が設けられます。これはお釈迦様が十二月八日の明け方、明けの明星をご覧になって悟りをひらかれたことに倣《なら》い、十二月一日から八日の明け方までの七日間を一日として、昼夜問わず、横になることなく坐禅をし続けるというものです。

この期間は「雲水《うんすい》（修行僧のこと）命取り」と呼ばれ、間違いなく一年で一番厳しい期間でした。入門一年目で初めて迎える時もさることながら、数年経って回数を重ねたとしても、その日が迫ってくる緊張感は何ともいえないものがあり、未だに身の震えを感じるのです。

考えてみれば、四月に入門した若き雲水は、今まで扱ったこともない釜でご飯を炊いたり、時代劇に出てくるような和カミソリで頭を剃髪したり、まるで江戸時代にタイムスリップしたような生活を送ることになります。そこでは、自分の意志なんてものは完全に否定され、言い訳をすることも、質問することも許されません。道場の伝統的な規則というものに、自分が無理矢理はめ込まれるのです。つまり、周りの環境に対して、自分を落とし込むことが必要になるのです。

今回取り上げるジブリ作品は「千と千尋の神隠し」です。神々の住む異世界に迷い込んだ少女、千尋の成長が描かれた冒険物語。聞けば、宮崎駿監督が十歳のガールフレンドのためにつくられたとか。

お寺に生まれたものの、学生時代を謳歌し、アルバイトや部活に明け暮れていた「現代っ子」の私にとって、自分が置かれている修行道場という場所は、まるで「千と千尋の神隠し」で描かれているような異世界そのものでした。

車の中でふくれて、ふてくされていた千尋は、まるで大学時代の自分自身を見ているようでした。それは、寺に生まれたがゆえに、親に決められたレールを歩き、道場に行って僧侶にならなくてはならないと思い込んでいた頃。思春期の真っ只中で頭を丸めて、厳しい道場に入門しなくてはならないのなら、せめて修行に行くまでの期間は、自分のしたいように生きたい。どうせ卒業したら、自分の好きなようには生きられないのだからと、自由勝手にしていた大学時代の私でした。

そんな私にも時間は平等に訪れて、卒業と同時に不安と緊張をかかえながら道場に入門するのです。千尋がトンネルを、お母さんの腕に掴まって歩いて行ったように。

*

千尋がトンネルの向こうで体験したことは、禅の世界では次のように表現されています。

「随所作主　立処皆真（随所《ずいしょ》に主《しゅ》と作《な》れば、立処皆真《りっしょみなしん》なり）」

これは臨済宗の宗祖である臨済義玄禅師《りんざいぎげんぜんじ》が修行者に言われた言葉で、『臨済録』にある禅語です。その意味は、「いついかなる場合でも、主体性を持つならば、その場が真理の場となる」となります。つまり、いつ、どこで何をするにも、周囲の環境に引きずられることなく、いまこの場の主人公になっていくこと。『臨済録』を見てみると、この禅語の直前には次のような主旨の言葉が記されています。

「禅というものは、用効《ようこう》（作用や効果）のところがないのが本当で、ごく当たり前のありふれた日常生活の中にこそあるものである。私たちがものを食べたり、用を足したり、服を着脱したり、また疲れたら横になってみたり。このような日常に何気なく私たちがおこなっていることが禅であるのです。世間の愚かな人はこれを聞くと、禅とはたいしたことがないものだと笑うかもしれません。しかし、物の道理がわかっている人であるならば、このことが真実であると納得するでありましょう。周りの環境に左右され、引きずり込まれているようではならないのです」

ここでいう「環境に左右されることなく、いついかなる時も主体性を持って生きる」とはどういうことでしょうか？　それを考えていくにあたって、私が尊敬する和尚さんから聞いた、その手がかりになる話があります。

中国の唐の時代に趙州《じょうしゅう》和尚という高僧がおられて、修行僧と問答をされます。

「大難到来せば、如何《いかん》が回避せん」。師云く、「恰好《かっこう》」と。

「恰好」とは「恰《あたか》も好《よ》し」と読むことができ、「よし、待っていました」という意味でとらえられます。修行僧の「自分にとって大変困難な問題がやってきたら、あなたならどう回避しますか?」という問いに対して、趙州和尚は「よし来た! 待ってました」と返したのです。

自分の身に、どうしようもない厄災が降りかかった時、また望まぬ境遇が訪れた時、私たちはその対応を迫られます。どうやれば回避できるか考えをめぐらせたり、一方でどうして自分がこんな目に遭わなければならないのかと、周りを恨んでみたり。ついてないと自分の運のなさを嘆き悲しむ人もいるでしょう。しかし、趙州和尚は違うのです。どんな苦難が与えられても、「よし来た!」とそれに向かっていくのです。

「来ちまったものは仕方ない。お迎えしな」

千尋が初めてお湯番としてついたオクサレさまが、湯屋を訪れた時の湯婆婆のセリフです。望まぬ客は、私たちの人生にもあるはずです。思いもかけない自然の災害に遭ったり、職場で突然人事異動があり、望まぬ仕事を与えられたりもします。それに対してその辛さや悲しみからいかに逃れるかに心を奪われるよりも、周りのせいにしてふてくされるよりも、腹をくくってお迎えする。これこそ、大難を回避する一番の方法であるというのです。そして湯婆婆の言葉はそれだけでは終わりません。

「こうなったらできるだけ早く引き取ってもらうしかない」

苦難は苦難としてしっかり受け止めるが、それにいつまでも心の中に居てもらうつもりはない。これこそ、周りの環境に心を奪われない方法なのです。

＊

次に、いかなる時でも主体性を持つとはどういうことでしょうか？　私の大好きな本、シスターであられた故・渡辺和子さんのベストセラー『置かれた場所で咲きなさい』（幻冬舎）に素敵な言葉が記されています。自信を喪失し、修道院を出ようとまで思いつめた著者に、一人の宣教師が短い詩を渡したそうです。そしてその詩の冒頭にあった言葉が「置かれた場所で咲きなさい」であったのです。

「私は変わりました。そうだ。置かれた場所に不平不満を持ち、他人の出方で幸せになったり不幸せになったりしては、私は環境の奴隷でしかない。人間として生まれたからには、どんなところに置かれても、そこで環境の主人となり自分の花を咲かせようと、決心することができました。それは『私が変わる』ことによってのみ可能でした」

「随所に主と作る」――この禅語で、意味を決して取り違えてならないのは、主体性とは「自分が、自分が」と自我を貫いていくことではないということです。他人と比べての自分ではなく、生まれながらに持っている「真実の自己」と呼ぶのが相応しいと思います。環境の奴隷になることなく、与えられた、置かれた場所で咲いていく。

それも諦めて咲くのでなく、「よし来た！」と腹をくくって咲くことが肝心なのです。それがそのまま、主体性の確立であり、自立であるのです。

私たちはどうしても、自分で心から納得して目の前のことに取り組んでいくのではなく、見るもの聞くものなど、自分の五感を通して外から入ってくるものに、いちいち心を奪われて右往左往し、周りの者と比べては、不平不満を抱きながら毎日を送ってしまいます。そしてその不平不満さえも他人のせいにしてしまうのです。私たちが周りの環境に惑わされ心を奪われてしまうのは、心が無でなかったからなのです。無心になることができれば、立ちどころのすべてが真実となり、活き活きと人生を生きていくことができるということを、この禅語は教えてくれるのです。

無心になるとは、何もボケーッとすることではありません。目の前の一つの事だけに集中して生きることなのです。そうすると心は充実したゼロになる。私たちは本来「空っぽ」なのです。どれだけたくさんの綺麗な景色を見ても、いっぱいになることはないように。私たちの心には二十四枚撮りのフィルムのように限界があるわけではありませんし、私たちの想像力にも容量オーバーはありません。

「ゼロになるからだ　充たされてゆけ」（覚和歌子作詞『いつも何度でも』より）

その時、その場で自分がしなければならないことを、余念を交えることなく精一杯おこなうこと。からだがゼロになるとは、随所に主となって、無心に目の前の環境に臨んでいくこと。そうなれば立処皆真となり、すべてが充たされていくのです。

「この作品は、武器を振りまわしたり、超能力の力くらべこそないが、冒険ものがたりというべき作品である。冒険とはいっても、正邪の対決が主題ではなく、善人も悪人もみな混じり合って存在する世の中ともいうべき中へ投げ込まれ、修業し、友愛と献身を学び、知恵を発揮して生還する少女のものがたりになるはずだ。彼女は切り抜け、体をかわし、ひとまずは元の日常に帰って来るのだが、世の中が消滅しないのと同じに、それは悪を滅ぼしたからではなく、彼女が生きる力を獲得した結果なのである」（宮崎駿――この映画のねらい「千と千尋の神隠し」劇場用パンフレットより）

千尋という十歳の女の子の主体性を得るための大冒険。その答えは身近な日常生活の中にしかありません。彼女はトンネルの向こうの不思議な世界で、自我ではなく自己をみつめ、随所に主体性を持つことができたのです。彼女が実際に手に入れたものは、たった一つの髪留めだけかもしれません。そして彼女の将来には楽しみよりも、迷いや苦しみの方が多いかもしれません。それでも、きっと幸せに前を向いて生きていけるはずです。

「海の彼方には　もう探さない　輝くものは　いつもここに　わたしのなかに　見つけられたから」（覚 和歌子作詞『いつも何度でも』より）

千尋はトンネルの向こうの不思議な世界で、
自我ではなく自己をみつめ、
随所に主体性を持つことができたのです。

「明暗雙雙《めいあんそうそう》」と『風の谷のナウシカ』

二〇一八年の十月、私はフランスのパリに行く機会に恵まれました。その目的は、日仏友好一六〇周年にあたり、日本文化の粋を集め、その多様かつ普遍的な魅力を発信する「ジャポニスム２０１８」に参加するためでした。目玉企画の一つである伊藤若冲の展覧会には、日本同様に「三時間待ち」という長蛇の列ができ、歌舞伎や能はもとより、伝統的な雅楽、食や日本酒、茶道や華道、アニメやゲームなど、多岐にわたる日本文化を紹介する催事が行われていました。その中の一つに、伝統的な日本文化の根底には、「禅の心」が流れていることから企画された「禅文化週間」があり、

コミック『風の谷のナウシカ』
第７巻カバー

私はそこでの坐禅会や禅語を模写する「写禅語」の指導に参加させていただきました。これは、幽霊画でも有名であり、歴代首相も坐禅に通われる谷中・全生庵の平井正修《しょうしゅう》ご住職とのご縁によるものでした。

「禅文化週間」では、鈴木敏夫さんの著書である『禅とジブリ』（淡交社）でも登場された鎌倉円覚寺管長・横田南嶺老大師の講演会なども行われました。どの催しも現地の方々に予想を遥かに上回るご参加をいただき、その真剣に取り組まれる姿勢に、私自身たくさんの刺激をうけました。何より「禅」というものが宗教の枠を破って、文化として国内外でも認められたと実感できたことに、大きな感慨がありました。

また、私にとって初めて訪れたパリ市街の古い街並みには、言葉を失うほどの素晴らしさを感じるとともに、今なお現代の人々がそこで当たり前のように生活していることに大変驚かされました。十九世紀の大規模な区画整理と都市計画の結果により生まれた伝統的な石造りの建物は、空調設備がなくても、現代でも夏は涼しく冬は暖かく快適に過ごすことができるというのです。もちろん、日本に比べて地震や災害が少ないというフランスの特徴があるにしても、数百年の歴史の中に、まさに現代人が共存しているのです。

一方でパリは美しく華麗という言葉だけでは表現しきれません。過去の政治や宗教の争いにより、荘厳な教会の敬虔な表情をした聖母像のうち、子どもの像だけが、無残にも破壊されているのを見ると、歴史の経過とともに悲惨な出来事もたくさんあったことが窺い知れるのです。このように創造と破壊が共存することこそ、パリが「芸術の都」といわれる所以《ゆえん》なのかもしれません。

＊

そんなパリの街を前に、私は二〇一六年の『熱風』（スタジオジブリ）八月号に掲載された米津玄師さんの特集を思い出しました。私は以前から、そのお名前からして「お寺のお子さんかな？」と勝手に興味を持ち、ファンのひとりでもありました。そのたくさんの楽曲の中では特に「飛燕」という曲が好きでした。その米津さんが、誌面で『風の谷のナウシカ』についてお話しされていたのです。それも漫画版の『ナウシカ』についてを。

私もその漫画版『ナウシカ』を何回読み込んだかわかりません。あの名作を宮崎監督が「生活のためにはじめられた」という話には驚愕しましたが、米津さんも指摘されていたとおり、クライマックスの墓場の王とナウシカの対話がとても印象に残っているのです。

墓場の王の「お前は危険な闇だ。生命は光だ!!」という言葉に対し、ナウシカは「ちがう、いのちは闇の中のまたたく光だ!!」と答えるところです。ナウシカは「清浄と汚濁こそ生命である」と言い放つのです。「人生を歩む上で、その苦しみと向き合う」という仏教に身を置く者として、ナウシカの「苦しみや悲劇やおろかさは清浄な世界でもなくなりはしない。それは人間の一部だから……。だからこそ苦界にあっても、喜びやかがやきもまたあるのに」という言葉には、ズッシリと胸を打たれるものがありました。

＊

禅の世界に「明暗雙雙」という禅語があります。禅でいうところの「明」とは千差万別の差別の世界。私やあなた、山や木がそれぞれに存在していることを指しています。

「暗」とは黒暗暗《こくあんあん》として無差別平等の真理。私もあなたも何一つ存在しない真っ暗な世界を指しているのです。その「明」と「暗」とが互いに相即し、融合していることを、「明暗雙雙」というのです。

私たち禅宗の僧侶には、とても大切にしている二つのことがあります。一つ目は「己事究明《こじきゅうめい》」です。これは「自己を究《きわ》め明らかにしてくこと」で、坐禅をはじめとする禅修行に没頭することにより、本当の自分を究め明らかにしていくことを指しています。禅修行の根幹はまさにこれであって、坐禅を究めることができれば、全てを捨てきって何もなくなった、「暗」という真っ暗な闇の世界となるのです。

もう一つは、「為人度生《いにんどしょう》」です。仏教の教えや坐禅などを普及して、人々を救っていくことをいいます。そしてこの二つは言い換えると、「上求菩提《じょうぐぼだい》、下化衆生《げけしゅじょう》」となります。上に悟りを求め、己を究めて体得したものを、とって返して人々に安らぎを与える。つまり、自分が修行で得た悟りの境地そのままに、悩み苦しむ人たちの中に飛び込んでいって、さらに溶け込んでいくのです。

そして、ただただ専一に坐禅に没頭して「己事究明」のみに終始し、辿り着いた尖った山の頂上で何物にも干渉されることのない「暗」の世界で安座してしまうことを、「上求菩提と振り上げた刀は、下化衆生と振り下ろさねばならぬ」と戒めるのです。高くそびえる山のてっぺんで「上求菩提」と振り上げて体得したものを、まるで渋谷のスクランブル交差点のような街頭で、「下化衆生」と振り下ろして社会に還元することを「為人度生」といい、禅では大切にするのです。

このことは「和泥合水《わでいがっすい》」という禅語で説明されます。『碧巌録《へきがんろく》』や『永平広録《えいへいこうろく》』という書物に見られる言葉で、辞書には「慈悲のために全くそのものに同化して済度《さいど》することと」とあり、「済度」とは「人を救うこと」となります。禅の悟りに到った道人は学んだ法も、修めた行《ぎょう》も少しも表にださず、悟りだの、迷いだの、聖だの、凡だのとその跡形さえも見せることなく、そのまま迷いや苦しみが渦巻く現実社会に溶け込んで、人が知らぬうちに人々を救ってゆくのです。まるで清らかな水が、泥の中に入り泥水となっていくように。自らはとても清らかなものであるにもかかわらず、どんな汚濁をも受け入れる大きな度量を持っているのです。そして、我が身を顧みることなく、全力で泥まみれになって、他人を救っていくのです。

そして、「溺《おぼ》るる者水に入《い》れば、拯《すく》う者も亦水に入る。水に入ること同じうして、水に入る所以は則ち異なる」という言葉が示すように、同じように苦悩に溢れる現実に生きていても、そこに溺れている人と、その溺れている人を救わんとしている人では、その理由は異なります。私たち修行を志す者には「非力の菩薩、救わんとしてかえって溺れる」と、「己事究明」がおろそかな状態では、「為人度生」と人を救わんとしても、かえって溺れてしまうことを肝に銘じられるのです。だからこそ、禅僧はまず何より「己事究明」に取り組まなければならないのです。

＊

米津さんはナウシカのことを次のように表現されていました。

「すごく慈愛に満ち溢れた人間だけれども、その裏に混沌とした狂気的な部分も持っていて、それによっていろんな人間や生き物と調和していく」

そして、「その姿が美しいと思う」と言われ、「やっぱり両方持っていないといけない。闇も光も両方持っていて、両方表現しないとリアルなものが作れないと、そこで教えてもらったような気がします」と振り返られるのです。

私が『風の谷のナウシカ』を読んで胸に抱く禅語は、「明暗雙雙」です。本当の自分である「暗」を究めたナウシカだからこそ、それぞれの思惑が交差する「明」の世界に囚われることなく自由自在に飛び回れると思うのです。そして全ては他人を救うための行いになるのです。そんな姿だからこそ、私たちは心を打たれるのです。

ジブリの映画や音楽、文化や芸術、そしてパリの街並みも、私は「明暗雙雙」であると思うのです。「明と暗」、「闇と光」が一体となって互いに融合しているからこそ、たくさんの人たちが生きる活力を貰い、心を動かされるのではないでしょうか。

米津玄師さんが子どものために作られた「パプリカ」という曲を、無邪気な笑顔で踊る娘を見ながら、私たちの命は「闇の中のまたたく光」であるからこそ、今この生と向き合っていかなければと強く心に思うのです。

本当の自分である「暗」を究めたナウシカだから、
それぞれの思惑が交差する「明」の世界に
囚われることなく自由に飛び回れる。

「千里同風《せんりどうふう》」

二〇一九年の新年を迎えました。明けましておめでとうございます。

私はお寺の山門に飾られている門松を見ると、室町時代の禅僧、一休禅師作といわれる次の歌を思い出します。

「門松は冥土《めいど》の旅の一里塚、めでたくもあり、めでたくもなし」

新年の目出度い時に、髑髏を手にしながら「ご用心！」と町を闊歩していたといわれる一休禅師は、歩きながらこの歌を唱えていたのでしょうか。

この話を聞いた方は、一年歳を重ねるということは、一年死に向かっていることなんだと悲観されるかもしれません。しかし、新しい年を無事に迎えられたことを、正月の門松を見ることができたことを、私は心から素直に喜ぶべきだと思うのです。

お寺の正月の朝は、「修正祈祷《しゅうせいきとう》」という行事から始まります。『西遊記』でおなじみの三蔵法師が天竺（インドの古称）から命がけで持ち帰られた『大般若波羅蜜多経《だいはんにゃはらみったきょう》』を、まるで「お経の滝」のように、パラパラと転読するのです。何かでご覧になった方もいらっしゃるかもしれません。転読とは六百巻という膨大な経典の本文読誦《どくじゅ》を省略し、上から下へと屏風を開いたり閉じたりするように展開させていく行為のことです。一月の澄み切った空気の中、お経によって生み出された風が、なんとも心地よく、まるで去年までの自分のことを洗い流しているように感じられます。

「正月」の「正」という字は、この「修正祈祷」の正の字に由来しているという説があります。新しい年の、新しい月の、新しい日の、新しい朝に、自らの道をまっすぐ歩めるように、正しく向き直す日が正月になるのです。新年の最初に行うことが、「修正」というのも、なんとも面白い話です。

*

今回は、ジブリ作品全般に対して私が思い描く禅語を紹介させていただきます。それは、新年などの慶事の時によく用いられる「千里同風」という言葉です。千里万里隔たった、遠く離れている場所にいても、吹く風はどこでも同じという意味から、天下太平の世の中であることをいいます。

そして、禅の世界ではさらに一歩ふみこんで考えていきます。

仏教では根本的に世の中は「無常《むじょう》」といわれ、常なるものは何も無いと考えます。この理《ことわり》を「諸行《しょぎょう》無常《むじょう》」といい、私たちが生きているこの世界では、すべてのものが、絶えず生滅変化し続けていることを指しています。このはかなく移り変わる現象の奥に存在し、いつまでも変わることがないものこそ、「仏の心」であり、それに気付くために坐禅をして自分と向き合うことが禅宗なのです。

世界中のどんな人にも、どんな場所にも、同じ風が吹いているように、「仏の心」がいずれのところにも存在している。これはいつまでも変わらない絶対的な真理であり、終始一貫変わらないものであることをこの言葉は教えてくれるのです。そしてこの言葉だけでは説明しきれない心というものを、以心伝心でもって風のように伝えてこられたのが、禅の心なのです。

原坦山《はらたんざん》（一八一九～一八九二）という禅僧に次のような話があります。

坦山がまだ若かりし頃、ある禅僧と連れだって諸国を修行の旅に出かけていました。ある時、とある小川にさしかかります。ふと向こうを見てみれば、一人の若い女性が、雨で水かさの増した川の流れを前に、どうやって渡ろうかと思案にくれているのです。川を前にためらっている女性を見た坦山は、「さあ、私につかまりなさい」と女性を抱きかかえて、向こう岸まで川を渡りました。そして到着すると、しきりに礼を言う女性には目もくれずに旅を続けるのです。それを見ていたもう一人の僧は、腹の中で「若い坊主が女を抱くとは何事だ。けしからん」と気になって仕方がありません。しばらく進んだところで、とうとう我慢しきれなくなって、先ほどの行為を問いただすのです。すると坦山は大笑いをして言うのです。「なんだ、お前はまだあの女を抱いておったのか？　私はあの時に全部下ろして来たよ」と。もう一人の僧は何も言い返せなかったといいます。

この二人の禅僧の話から、みなさんは何を感じられたでしょうか？　禅の修行僧は一般に「雲水《うんすい》」と呼ばれています。これは「行雲流水《こううんりゅうすい》」という禅語の略であり、その一カ所に停住することなき自由なさまという意味があります。何ものにもとどまることなく風と共に移り行く雲、高いところから低いところへと、たとえ目の前に大きな石があろうと進み続ける水のように道を求めて生きていく。それが禅の修行僧なのです。

この話の自由な禅僧の行いは、私に風をイメージさせます。

風は吹く場所を選びません。前に山があろうが、海があろうが、ただ吹いていくのです。時にはタンポポの種を運び、時には雨雲をも運びます。そして、一カ所に長く留まることはありません。

考えてみると、「風の谷のナウシカ」や「風立ちぬ」はもとより、「もののけ姫」、「となりのトトロ」や「天空の城ラピュタ」といったジブリ作品において、風は大きなテーマになっているように私には思えるのです。まさに「千里同風」で、国内外の映画館で、親子連れやカップルにまで、同じ風が吹いているのです。その風の根底にあるものとは何でしょうか？　そのことを私は鈴木敏夫さんとの出会いによって教えてもらった気がするのです。

それは「この世は生きるに値する」という言葉です。

たしかに人生を歩むことは容易なことではありません。冒頭に挙げた歌は別の形でも伝わっています。

「門松は冥土の旅の一里塚　馬駕籠《うまかご》もなく泊《と》まり屋《や》もなし」

人生を生きていくということは、まさにバスや電車もなければ、泊まる場所もない旅路のようなものであるというのです。断崖絶壁の道を歩むより、浮世を歩むほうがよっぽど危ないのです。

仏教では物事を現在進行形で考えていきます。生きつつあることは死につつあること。同じように死につつあることは、生きつつあること。今日一日生きるということは、間違いなく一日死に近づいている。「生きること」と「死ぬこと」はまさに紙の表と裏のように一体であり、切り離して考えることはできないのです。

正月早々何て縁起の悪いことを言うのだと思われるかもしれませんが、これこそ一休禅師を介して古人が伝えたかったことなのです。死を充実したものにしたければ、生を充実させればいい。つまり、生の充実こそ、死の充実に繋がるのです。

では、生を充実させていくにはどうすればいいか。それは風のように生きていくことだと思うのです。ジブリ作品や鈴木敏夫さんは、まるで風のようだと私は思います。
鈴木さんは次のようにおっしゃっておられます。

「やってきたことを覚えていようと思わない。というより、忘れてしまったほうがいいと思っていて、ときには忘れる努力さえする。『まっさらな状態に自分をおくと次がうまくいく』というのが、自分の中で公式としてあります」

『仕事道楽　新版』（岩波新書）

大事なことは「いま」「目の前」と言い切られ、宮崎駿監督のことを「忘れることの名人」と称し、常に新人監督のような挑戦をしていると言うのです。そう考えてみると、鈴木さんとの会話には昔の話はありません。私がどこの大学に行ったか、どんな修行をしたかなどはまったく関心の外のようです。「そんなこと、今のあなたを見ればわかる」と言われた時に、私はハッとしました。自分がいかに相手の過去や経歴にとらわれていたかに気付かされたのです。どうしても対価や見返りを求めてしまいがちな私たちに、鈴木さんは「ギブ　アンド　ギブ」という背中を見せてくださるのです。自分で持っているものを全て与え尽くして、話に出てくる雲水のように、何のためらいもなく前に進んでいかれるのです。

もちろん「いま、ここ」が大事なことはわかります。しかし、鈴木さんのすごいところは、過去の積み重ねの上にあり、未来を孕んでいる「いま、ここ」だというところなのです。

私には、ジブリの映画や鈴木さんの著書は、まるで禅の教科書のように思えてくるのです。いや、表現の仕方が違うかもしれません。宮崎監督や鈴木さんが、それぞれの人生を通じて到達した心境、境地というべき心を、私たちの世界では「禅」と呼んでいるのです。そんなジブリだからこそ、巻き起こった風が「熱風」となって、私たちの心を熱くしてくれると思うのです。そして、その風は時に、人生の道を歩むことに臆劫になってしまった私たちの背中を、そっと押してくれるのです。「少しの努力は必要だよ」と。

風は吹く場所を選びません。
その風の根底にあるもの
「この世は生きるに値する」という言葉。

「請其本務」（請《こ》う、其《そ》の本《もと》を務《つと》めよ）と「耳をすませば」

「耳をすませば」より

連載中には書ききれなかった禅語を書き継いでいきたいと思います。二〇二〇年三月、世界はコロナ禍に巻き込まれ、暗く重い日々が続いていました。そんな中、「不要不急」という世界を巻き込む感染症の拡大防止のために、ある日突然、突きつけられた言葉。まるで、禅問答のように考えさせられました。

自分にとって不要不急であることでも、相手にとってはそうではない。また逆もしかりであることも痛感させられました。

大袈裟にいえば、宗教というものの存在価値も問われることとなり、私の身近なところでは、江戸時代から続いてきた地域の行事も、自分の僧侶としての核であると信じて続けてきた坐禅会も休止せざるを得ませんでした。もちろん、私は禅僧でありますので、毎日一定時間の坐禅は続けています。それでも、毎週当たり前のようにたくさんの人たちとの坐禅を通しての時間と空間の共有は、かけがえのないものであったと、気づかされます。

坐禅会にしても、法事にしても、命のリスクを冒してまで行うものではないという現実。坐禅にいたっては心と身の健康を願って行うものであるとするならば、当然の休止ということになります。今生きている人たちの命が第一であると考えれば、ほとんど全てのものが不要不急であるのです。

＊

私は、以前円覚寺・横田南嶺老大師と対談された時の鈴木敏夫さんの言葉を思い出すのです。

「本来、人間が生きていく上で、必要なものと必要でないものがあって、その伝で言えば、やっぱりジブリだって必要ないですよね。その気持ちは、映画を作る時にどこかで持っていないといけない。その上で人に何かを伝えるわけですから。本来、食べものを作るとか、生活用品を作るとか、そのほうが偉いに決まっているんですもの。それだけは自分に言い聞かせているんですけれどね」

（『禅とジブリ』淡交社）

鈴木さんは、「人間が生きていく上で大事なのは、やっぱり衣食住」と断言され、「『人類はすごい』なんておごり高ぶっていると、ひどいしっぺ返しに遭うんじゃないかな。『人類は幼い』とは大事な考えだと思います」と受けられていたのです。

当時、そこまで真剣に受け止めていなかったこの言葉も、今こういった現状の中では、ズッシリと私の心の奥底まで響いてくるのです。

先が見えない毎日の中、私は「耳をすませば」の主題歌「カントリー・ロード」を思い出しました。私たちの「心のふるさと」はどこにあるのか――。人生の道はどこへ続いているのだろうか――。今の私たちに問いかけているように思えたからです。

「耳をすませば」は、信州の山小屋で宮崎駿監督が手にした少女マンガがきっかけとなったとのこと。鈴木敏夫さんの弁によれば、全四回の連載の第二回だけを読み込んだ監督が、その先を想像し、押井守さんや庵野秀明さん、鈴木さんたちとこの物語の始まりと、その後の展開を議論されたそうです。アニメ好きとしては考えられないほど豪華なメンバーです。
「ラピュタ」や「ナウシカ」のようなファンタジーではなく、自分の手を伸ばせば届くような身近な現実に起こっていそうな、まるで等身大の映画。意中の人と同じ感性を持ちたくて、図書館にある本の図書カードで綺麗で丸みのある字を探すといったような、少年期の甘酸っぱい恋の思い出が蘇ってくるから不思議です。

そして、宮崎駿監督のこの映画に対する企画意図を見て、私はハッとしたのです。

「混沌の21世紀の姿が、次第にはっきりして来た今、日本の社会構造も大きくきしみ、ゆらぎ始めている、時代は確実に変動期に入り、昨日の常識や定説が急速に力を失いつつある。これまでの物的蓄積によって、若い人々がその波に直接さらされることは、まだ始まっていないとしても、その予兆だけは確実に届いている。

こんな時代に、我々はどんな映画を作ろうとするのだろう。

生きるという本質に立ち帰ること。

自分の出発点を確認すること。

変転する流行は一段と加速するが、それに背をむけること。

もっと、遠くを見つめる目差しこそがいま要るのだと、高らかに大胆に唱いあげる映画を、あえて作ろうというのである」


（「耳をすませば」映画パンフレットより）

今までの価値観が崩され、いつまで現状が続いていくかわからない閉塞感。人工知能がいくら進化しても、自然災害や感染症は予知も防止もままならない。そんな時代に生きていかなければならない私たちは、何を思って生きていかなくてはならないのでしょうか。

私はこの作品に次の禅語を添えさせていただきます。

＊

「請其本務」（請《こ》う、其《そ》の本《もと》を務《つと》めよ）

この禅の言葉は、私が修行させていただいた京都・妙心寺を開かれた無相大師《むそうだいし》のご遺言になります。この言葉は吉川英治著の『宮本武蔵』（新潮社）で、剣の道を究めるにあたり苦しんでいた武蔵が、その生涯の悩みから開眼するきっかけとして使われているほどです。

自身の臨終にあたって、「汝等請う『其《そ》の本《もと》』を務めよ」と示された無相大師。無相大師が伝えたかった、私たちが務めなくてはならない「其の本」とは、一体何なのでしょうか？

修行中のある日のこと、私は無相大師がお祀りされている妙心寺の開山堂の掃除をしていました。その時ふと「請う、其の本を務めよ」という言葉が私の頭に浮かんだのです。これまで何度も何度も口にし、耳にしてきた言葉でしたが、改めて考えると自分の務めなければならない「其の本」とは一体何なのか、明確な言葉が出てきませんでした。

そして坐禅をしている時も、食事をしている時も、思うような答えを導きだすことができません。それでも私は考えに考えを重ね、ついに一つの結論を導くのです。

「其の本」の「本《もと》」とは、私たち禅僧にとっては坐禅をすることではないか。大工さんなら大工仕事を、農家さんなら農作業を、自分たちそれぞれの役割や仕事をしっかりこなしていくことではないか。それこそが自分たちの「根っこ」であり「根幹」であり、人生において最も大切なことではないか、と。

それからというもの私は「とにかく坐禅さえしっかりやっていればいい」という気持ちになってしまい、知らず知らずのうちに全てのことが疎かになっていたと思います。

何をするにも心ここにあらずで精彩を欠き、禅の修行にも身が入らなくなっていきました。私は「請う、其の本を務めよ」の意味を、本来のものとはかけ離れて理解していたのです。

無相大師の意図はもっと深く、もっと広いものでした。

それを私に指し示してくれたのは、祖父・松原泰道《まつばらたいどう》の「生ききる」としたためられた色紙でした。今でも私の人生の大切な杖言葉となっています。

*

百一歳で亡くなる直前まで講演をし、机で原稿用紙と向き合っていた祖父は晩年、常に「生ききる」という言葉を大切にしていました。「生きる」に「き」を一文字付け加えるだけで、一生懸命生きているということが表れる、とても素晴らしい言葉です。例えば「走る」と「走りきる」では、その決意や意欲が全然違うように。

この「生ききる」こそが「其の本」ではないのか——。以前の私の浅はかな答えは一気に氷解し、目の前が開かれたように感じたのです。私は「坐禅だけしっかりやればいい」という、木で言えば「枝葉」にとらわれていて、その「本《もと》」を見ることができていなかったのです。「其の本」とは、禅僧が坐禅をすることでも、それぞれの仕事や役割をこなすことでもなく「一生懸命に生きること」だと気づいたのです。

寝ることも、食べることも、遊ぶことも、働くことも、何もかも全てが、私たちが務めなければならない大切なことなのです。そして、ただ単に行うのではなく、それらを一生懸命に行うことを忘れてはならないのです。

つまり一日一日を、かけがえのない時間として大事に、一つ一つの事柄を大切に生きていく。それこそが、無相大師が「請う、其の本を務めよ」という禅の言葉に込められたメッセージだったのです。

無相大師の御遺言には続きがあります。「誤《あやま》って葉を摘み枝を尋《たず》ぬること莫《な》くんば好《よ》し」と。間違っても枝葉ばかり追っかけてはいけないよと厳しく示してくださっているのです。

小説の宮本武蔵も、導いてくださった禅僧に御礼とお詫びを告げようと後を追おうとして、「それも枝葉……」と思い止まります。御礼やお詫びを告げるよりも、その指し示してくれた道を自分自身で全うすることが大切だと思ったからだと私は思うのです。

*

「『枝葉末節《しようまつせつ》』という言葉があるけれど、ここへ来て、みんながこだわっているのは枝葉《えだは》どころじゃない。僕は強く言いたいのですが、『木を見て森を見ず』どころか、枝葉、そして現代が見ているのは葉脈です。この先はもうないと思うんです。そうすると、揺り戻しが来る気がして仕方がない。僕の期待が入っているかもしれないけれど。何で、みんな自分たちで住みにくくしているんですかね」

（『禅とジブリ』淡交社）

鈴木さんのおっしゃるとおり、私たちは枝葉にばかり、葉脈ばかりを気にしすぎているのかもしれません。少しだけ遠くを見ることができる視点が必要なのです。私は、雫の次のセリフが大好きです。

「私、背伸びをしてよかった。自分のこと前より少しわかったから」

背伸びし続けることは、容易なことではありません。主人公の雫は、憧れの聖司に追いつくため、小説を書くことに我を忘れて熱中します。試行錯誤の連続で寝る間も惜しんで取り組んで、はじめて見えた景色があったのです。それは雫が自分の務めるべき「本《もと》」を体得したからに他なりません。

苦しい時間はきっと自分の幸せに繋がっている。目の前の苦難が大きければ大きい時ほど、自分の「本《もと》」が露わになっているからです。

どうしようもない困難に突き当たることは、人間生きていれば誰しも起こり得ます。

そんな時は、枝葉ばかりに気をとられずに、自分の出発点ともいえる、その「本《もと》」を探してみましょう。自分の「心のふるさと」さえ見失っていなければ、その着実な一歩こそ、必ず幸せに続いているはずです。いつか必ず来る夜明けにむかって、今できることを探していくことが必要なのです。

目の前が真っ暗で見通しがつかない時ほど、明日を見つめて、目の前のこと、一つ一つを愛おしく生きていくことが大切なのです。その今の積み重ねこそが、未来となることを、この禅の言葉は教えてくれるのです。

「不要不急」といわれるものの何もかもを失ってみると、「衣食住」の大切さが身にしみます。そして、その「本《もと》」を忘れることがなければ、枝葉も生きてきます。そうしてみると、「不要不急」といわれるものが、実は私たちの人生に奥行きと広がりを与えてくれていたことに気づくのです。

「バブルは弾け、災害やら事件が相次ぐ暗い世相になってきた。これから困難な時代がますます困難になっていくはずだからこそ、ごくありきたりである空間をちゃんと大事にしていくことが大切なんだな、と感じるようになったんです。そして、そのところこそが、困難に直面したときに自分を支える一番のつっかえ棒になるんだろうなあ、と思います」

（『アニメージュ』〈徳間書店〉一九九五年九月号「耳をすませば」についてのインタビューより）

この宮崎監督の言葉にある「つっかえ棒」こそ、無相大師の示された「本《もと》」であると思うのです。そして、私たちの身近で繰り広げられた「耳をすませば」の世界だからこそ、「もっと、遠くを見つめる目差しこそがいま要るのだ」と優しく私たちに指し示してくれているのです。

一つ一つの事柄を大切に生きていく。

「与天下人作陰涼」と
(天下《てんか》の人《ひと》の与《ため》に陰涼《いんりょう》と作《な》らん)
「天空の城ラピュタ」

「天空の城ラピュタ」より

災害は忘れた時にやってくる。

地震や台風、異常気象による森林火災、強風や大雨など、突然やってくる天災は、当たり前であった日常をあっという間に奪い去ってしまいます。そして、災いは天災だけではありません。事故や火災、目に見えないウイルス、仕事や人間関係の抱えきれないストレス、病気や死別という人生の大問題にいたるまで、私たちに降りかかる災難は数え切れません。年末に行われている「今年の漢字」にも「災」が二〇〇四年と二〇一八年と、二回も選ばれているくらいですから、言うなれば忘れる間もなくやってているように思えるのです。

この「災」という字に出会うと、私はいつも祖父・松原泰道《まつばらたいどう》の言葉を思いだします。

「逃げられる災難なら、それは災難というほどのものではない。避けられる死なら、それは死ではない。絶対に防止できないのが災難そのものであり、死それ自体ではないか」

迫り来る災難を受け止めながら生きていくにはどうすればいいか？　現代を生きる私たちにとって、避けては通れない大問題です。この問題について考える糸口を私に示してくれたのが、ジブリ作品の「天空の城ラピュタ」でした。

「天空の城ラピュタ」は、何と言ってもスタジオジブリ発足後の最初の作品であり、公開されて三十年以上たった今日でも、最後の滅びの言葉「バルス！」をＳＮＳで何十万人もの人が同時刻に共有するという社会現象にまでなっています。当時、宮崎駿監督は企画意図を次のように述べられています。

風の谷のナウシカが、高年齢層を対象とした作品なら、パズーは、小学生を対象の中心とした映画である。

風の谷のナウシカが、清冽で鮮烈な作品を目指したとすれば、パズーは愉快な血わき肉おどる古典的な活劇を目指している。

パズーの目指すものは、若い観客たちが、まず心をほぐし楽しみ、よろこぶ映画である。笑いと涙、真情あふれる素直な心、現在もっともクサイとされるもの、しかし実は観客たちが、自分自身気づいていなくても、もっとも望んでいる心のふれあい、相手への献身、友情、自分の信ずるものへひたむきに進んでいく少年の理想を、てらわずにしかも今日の観客に通ずる言葉で語ることである。

（「天空の城ラピュタ」企画原案より）


このように高尚な意図が込められていたことは、小学生であった当時の私が知るはずもありません。ただ、空を翔《かけ》るフラップターや、ラピュタでの戦闘シーンでパズーが二発撃てる大砲の弾を交換する時のかっこよさに心引かれて、ハラハラドキドキしながら、空に浮かぶラピュタを舞台に繰り広げられた、少年たちの大冒険活劇に見入っていました。

また、今では「ラピュタパン」と呼ばれているそうですが、妹と一緒にトーストの上に目玉焼きをのせて食べたことも、楽しい記憶の一つです。

中でも私が一番憧れたのは、朝には屋根でトランペットを吹いて、自立しながら悠々自適に一人暮らしを満喫しているように見えたパズーの姿でした。親の干渉もなく自由気ままで、とてもかっこよく思えたのです。

それでも、この年になってあらためて「天空の城ラピュタ」を見てみると、全く違った一面に気づかされるのです。

シータの名前が数学のサイン、コサインから来ていたことにも驚きましたが、パズーとシータは、十二、十三歳という年齢設定になっていることにハッとしました。今で言うならば、小学校を卒業し、中学入学に心を躍らせている時期でしょうか。両親を失ったパズーは、当然のように鉱山でテキパキと働き、また一人残されたシータも、同じようにゴンドアで畑を耕しながら自活しているのです。

彼らの日常が色濃く表現されているシーンがあります。

一つ目は、パズーがオープニングでポットに入れたご飯を持ちながら、空から降りてくるシータに気が付くところ。現代の子どもであったなら、まず手に持っているその器を放り投げて、駆けつけそうなところですが、手を差し伸べて抱きかかえる直前にそっと傍らに置くのです。

また、シータを守ってくれたお礼だとしてムスカより渡された金貨三枚を、悔しさをにじませながら、どうしても投げ捨てることができないところ。そこに、少年パズーの「日常の苦しさ」を感じずにはいられないのです。

よくよく考えてみると、何もパズーは気ままな一人暮らしを謳歌していたのではなく、一日一日を生きることに一生懸命であったのです。

＊

今回挙げさせていただく禅の言葉は、「与天下人作陰涼（天下《てんか》の人《ひと》の与《ため》に陰涼《いんりょう》と作《な》らん）」です。

この言葉は私たちの臨済宗を開かれた、中国唐の時代の臨済義玄《りんざいぎげん》禅師にまつわるものです。臨済禅師は、はじめ黄檗《おうばく》禅師に弟子入りし修行していましたが、なかなか芽がでません。臨済は自分の力のなさに、ついには失望してしまうのです。そんな姿を見ていた兄弟子がひそかに黄檗禅師に頼み込みます。「先頃弟子入りした若い僧はきわめて真面目で、見所があります。今後成長して、一株《いっちゅう》の大樹となって、天下の人の与《ため》に陰涼《いんりょう》となることでしょう」と。その進言のおかげで、臨済禅師は見事に禅の道に答えを見出され、後に「臨済宗」というかたちで、たくさんの弟子たちを教え導くことになるのです。

「天下の人の与《ため》に陰涼《いんりょう》と作《な》らん」

真夏の灼熱の日差しが照りつける中、大樹の陰ほどありがたいものはありません。木陰は、そこで休んでいる人たちに、涼しい風を呼び込んでくれるのです。一方で、その大樹自身は、焼けるような日光を一身で浴び続けているのです。

禅僧たるもの、降りかかる災難に身を挺して社会に「陰涼」という安らぎを与えなければならないという、臨済宗にとって一番大切な教えになっているのです。

この陰という字には、「神仏の加護」という意味も含まれています。この「かげ」に、「お」と「さま」をつけて「おかげさま」という言葉が私たちの生活にも浸透しているのです。

私たちは、たくさんの木々が枝を広げてつくってくれた「木陰」の中で、生かされています。だからこそ、「おかげさま」という感謝の念を忘れてはならないのです。

劇中、シータは悩みの中にいました。自分のせいで、パズーを海賊にし、命まで脅かしている……。自分は、パズーの平和な日常に、ある日突然訪れた厄災になっているのではないか……。そんな不安をシータは飛行船の上で、「あんな石早く捨ててしまえばよかった」とパズーに打ち明けるのです。それに対してシータに言ったパズーのセリフが私は大好きです。

「あの石のおかげで、ぼくはシータに会えたんだ」

石の「せい」にするか、石の「おかげ」にするかは自分次第なのです。石というものが私たちに与えられた人生の機会であるとすれば、それをどのように自分自身が捉えて向き合うかの問題になってくるのです。

仏教では「すべてのものは縁によって生じ、縁によって滅びる」という永遠の道理を信じています。この広い世界で、因《いん》（原因）と縁とによらずに、生滅したり、成立したりするものは何一つないのです。私たちは、様々な因を具えて生まれてきたわけですが、その中に、「仏因《ぶついん》」という、言わば「幸せに生きる種」があるのです。そのせっかくの種も、私たちが目の前の縁を活かすことができないと、かえって不幸せになることもあるのです。

＊

「悪い縁をよい縁に」

これは私が祖父から最後にいただいた人生の教訓です。たとえ転んでも、ただでは起きない。これは卑しく生きるというわけではありません。災難に打ちひしがれた時、何か自分の人生にとってプラスになるものを、転んだ時に掴み取って起き上がりなさいというのです。そうするとマイナスの悪い縁も、幸せへのプラスの縁に転換することができる。すると、自分の仏因が育っていくのです。

この話を祖父の口から聞いたのは、祖母のお葬式の時でした。当時京都で禅の修行をしていた私は二泊三日で東京に帰ることを許され、失意の祖父と会うのです。七十年連れ添った祖母の死に際し、百歳を超えた祖父の悲しそうな顔は今でも忘れられません。

かける言葉がどうしても見つからない私に、祖父は「七十年の夫婦は、何婚というか知っているか？」と声をかけてくれました。私は、銀婚式や金婚式を頭に思い浮かべ、「ダイヤモンドかプラチナでしょうか？」と突然のことに驚きながら答えました。すると祖父は「エアコン」だと、優しくそして寂しげに教えてくれたのです。エアコンが便利で快適ということではありません。空気のように当たり前に近くにあって、それがなくては生きてはいけないほど、かけがえのないものだというのです。大樹のように立派でたくさんの経験を積んできた百歳の祖父でも、祖母の木陰に包まれていたことを、私は強く思い知らされたのです。そしてこれが祖父との最後の会話となりました。

おばあちゃん子の私にとって、祖母との死別は間違いなく悪い縁でした。それでも、最後に祖父と会うことで、禅宗の僧侶として、子の父として、かけがえのないものを教えてもらいました。そして今となっては、祖母が私に素晴らしい贈り物をしてくれたように思えるのです。だからこそ、私はこの祖母の死という悪い縁をよい縁にして生きていかなくては、二人に合わせる顔がないのです。

二〇一一年の東日本大震災があった年の、「今年の漢字」は「災」ではなく「絆」でした。大変悲しい縁からも、必死に前を向いて生きていこうという意志が、このことから伝わるのです。

臨済宗の教えの大切なところを言葉で表すとしたら、私はこの「おかげさま」であると思っています。他者の幸せを願う「思いやりの気持ち」こそが、仏教のはじまりであり、全てであるのです。そして、誰か一人の幸せこそが、自分の幸せであると念じて、災難の多い人生を歩まなくてはならないのです。

このことはお互いのことを想い合ったパズーとシータが教えてくれます。そして、最後には他者のためになろうと願っている自分自身も、知らず知らずのうちに大樹に抱かれて、その木陰で生かされていることに気づくのです。

私たちもたとえ大樹でなくとも、一センチでも枝を伸ばし、一輪でも多くの花を咲かせ、一枚でも多くの葉を繁らせることができれば、自ずと木陰をつくることができるのです。そしてきっと、その枝の下で顔も知らない誰かが、災難という人生の日照りから、身を休めて涼むことができるはずです。

宝の島であるラピュタに到達したパズーとシータは、いわゆる金銀財宝を手に入れることはできませんでした。まさに手ぶらで帰ってくるのです。しかし、帰路に就いた二人の心の中には「心のふれあい、相手への献身、友情」といった、何物にもかえがたい「人生の宝」が輝いていると、私は思わずにはいられないのです。

他者の幸せを願う
「思いやりの気持ち」こそが、
仏教のはじまり。

対談

円覚寺管長
横田南嶺老大師
×
細川晋輔

コロナの時代と禅

～無分別智で混沌を生きる。～

この対談は、「臨済宗大本山円覚寺」の YouTube チャンネルのために「お寺で対談」と題して二〇二〇年七月に二回にわたって行われた対談をもとにして構成してあります。この対談は円覚寺の横田南嶺老大師が、「これから可能性のある方をゲストにお迎えする」を方針に企画され、その第一回のゲストが細川晋輔住職でした。

コロナの感染拡大を防ぐために「不要不急」の外出は避けるようにという流れの中で、「いま、ここ」での僧としてのありかたが話し合われました。

円覚寺管長　横田《よこた》南嶺《なんれい》老大師

一九六四年、和歌山県生まれ。筑波大学卒業。在学中に東京円覚寺派龍雲院小池心叟師家のもとで得度し、卒業と同時に京都建仁寺僧堂で修行。一九九一年、円覚寺僧堂で修行。足立大進前管長に師事。二〇一〇年に臨済宗円覚寺派管長に就任。二〇一七年より花園大学総長。

松原泰道先生――祖父として、師として。

横田　禅宗の僧侶としてのあゆみという点で、私と細川さんは好対照なんですね。私は和歌山県のきわめて普通の家庭で生まれ育って、外の世界からこの世界に入り、松原泰道《まつばらたいどう》先生という素晴らしい先生にはるか遠くから憧れ、いかにしてそこに近づいていくかという努力を自分なりにして、ようやく近づき得た。しかし、細川さんは生まれた時から松原泰道先生の孫なんですね。しかもお父様は野沢の龍雲寺のご住職である細川景一老師。これはもう臨済宗妙心寺派の大変な方であり、お母様は松原先生の娘さんでいらっしゃる。実にわが禅宗、臨済宗においてはこれ以上ないサラブレッド。私といえば、「どこの馬の骨ともわからない」という言葉がありますが、和歌山県の熊野川のほとりで生まれ育った、これ以上ない馬の骨。これはサラブレッドと馬の骨の対談なのでございまして（笑）。

馬の骨がここに来るまでの苦労はそこそこあるんですけれども、しかし、サラブレッドの環境に生まれた細川さんならではの様々なご苦労や葛藤もあったと思います。

細川さんはお寺に生まれましたけれども、ご次男でいらっしゃいますよね。

細川　はい。

横田　お寺を継ぐとか、お坊さんになるという気持ちは、最初からあったんですか。

細川　兄がとても優秀な人で、私はつねに月見草のような感じで生きていました。ですから、お寺のことを手伝っていると親に褒めてもらえるような気がしていたんです。兄にはないものを、知らず知らずのうちに模索していたのかもしれません。兄がお坊さんにならないことが、私が二十歳の時に決まりましたので、その時から明確に禅の修行道場に行く決心がつきました。いやな言い方をすると、反骨心ではないですが、何か見返してやるみたいなものが、もしかするとあったのかもしれません。

横田　その時に葛藤があったというわけでもない？

細川　むしろ前向きに。でも、「何か世のため人のため」とか、「仏教の悟りとは何なのか？」というような心持ちは、恥ずかしながらその当時はあまりありませんでした。毎月うちのお寺で祖父・松原泰道師の法話会があり、三十年以上も続いていたのですが、実は一度も話を聴いたことがありませんでした。

横田　いや、私はその法話会に出るために苦労したものですがね（笑）。

細川　いつも一緒に来た祖母と、賭けてもいない競馬を見たり、おせんべいやミカンを食べたりしていると、祖父が法話から帰ってきて、一緒にお風呂に入り、晩ご飯を食べて、玄関でお見送りをする。これが外孫である細川家のつき合いでした。今から思うと、祖父の法話会を全部聴いていたら、僧侶としてもっとちゃんとしたことを話せるようになったのかなと思う反面、一回も聴かなかったことで、逆に自分を空っぽにできたのかなと。ちょっと言い訳じみていますけれども。

横田　教えるとか学ぶということは、話で伝えるということも当然ありますけれども、その人がお茶を飲んだり、食事をしたりするところに一緒にいることで、頭で理解をするのではなく、心の深いところに影響を与えていくものがあるんじゃないかというのは、このごろ思いますね。ですから、その影響というのは残っているんじゃないでしょうかしらね。

細川　まだ私が京都の妙心寺で修行をしていた時期に、百歳近い祖父が開山堂《かいざんどう》（妙心寺を開かれた無相大師《むそうだいし》をお祀りしている聖地）にお参りに行きたいと言って、母が連れてきたことがありました。そのあとで布教師《ふきょうし》（法話を専門とする僧侶）さんたちを相手に、祖父は一時間の講義をされました。話が始まる前、近くの宿舎に祖父は待機していて、私も挨拶に行きました。久しぶりに会うのでどれだけ歓待してもらえるかと、心のどこかで期待していたんです。けれども、挨拶をさせていただいて数分も経たないうちに、今から下見をするから出ていってくれと言われました。もう何万回も講演をされている百歳に近い祖父が、六十分の話をする時には、しっかり六十分の下見をするというのを決めていて。

横田　松原先生は必ずその回ごとの準備をきちっとなさっていましたからね。

細川　はい。伝える側の基本をその背中から学びました。こうしろと同じことを言われていたらちょっと反抗していたかもしれないですけれども、そういう後ろ姿を見て、話をさせていただく時の下見の大切さ、下準備の大切さというものを教わったような気がします。

父の「今は帰るな」というひと言。

横田　細川さんは家を継いでお坊さんになると決めてから京都の妙心寺で九年間修行をされた。修行時代の大きな転機になったのが、三年ぐらい経った頃に身近な人間の死というものを体験したことにあったということをうかがいました。話せる範囲でかまいませんので、その体験について少し聞かせていただいてもよろしいですか。

細川　修行道場の同期、同じ時期に入門した修行僧を「同夏（どうげ）」と私たちは呼びます。三百六十五日、二十四時間、常に一緒にいる仲間ですが、下手をすると一年ぐらいその人の苗字もわからない。私たち、下の名前でしか呼びませんので。同夏というのは親友とも違った、本当に特別な関係なんですね。

そんな特別な仲間が修行にも慣れた頃、唐突に亡くなってしまった。二十代までの私はそれまで恵まれていたことに、親近者の死というものに接したことがありませんでしたので、その時初めて、それまで他人事であった「死」という問題に直面しました。いつも当たり前のように隣にいた彼が亡くなってしまう。その瞬間から、いなくなってしまう。この現実をどう自分の中で受け止めていくか、それまでの自分が培った知識や経験ではどうすることもできませんでした。

お葬式の準備とか与えられた仕事をしている時は、少しは悩みから解放される時間もできたのですが、坐禅をしている時間は苦痛以外のなにものでもありません。常にいろいろと考えてしまうのです。「自分があの時何かできたんじゃないか」「もっと何か気を利かせることができたんじゃないか」と。本当に坐禅の時だけは、どうしても後悔といやな思いしか巡ってきませんでした。

そんな中、私のついていていた妙心寺の老大師（修行僧を指導する立場の高僧）が葬儀の翌日、突然「いつも通りにしよう」と言われたのです。悲しみをいつまでも引きずっている私たちに、何か感じるものがあったのでしょう。そのひと言で否応なしに、私たちも目の前のことだけに集中せざるを得なくなりました。日々の畑仕事にしろ、坐禅の数息観（すそくかん・自分の出入りの息を数える呼吸法）にしろ、いただいている公案（老師から与えられる課題・禅問答）にしろ、何か今までと違った自分で、取り組むことができたのです。そうなってみると、千もあるといわれる禅問答を全部解き明かすことができたなら、その時目の前にどんな世界が広がっているのか。もしかすると自分が悩みに悩んだ死という大問題に何か解決を与えてくれるはず、と考えるようになったのです。

その時から、遅ればせながらスイッチが入って、一つ一つの修行に一生懸命取り組む決心ができました。それまでの私は数年修行をし、東京に帰って、檀家さんたちとお寺を護っていけばいいと思っていましたが、禅の悟りといわれるもの、公案といわれる禅問答の先にどんな世界が広がっているのか、それを心の底から見てみたくなったのです。

横田　三年は誰でも普通にやれるけれども、そこで一つの転機があるかどうかが大切だとはよく言われますね。そこから本当に自分でやろうと思っていくか、それとも、ただ流されて惰性になってしまうか。細川さんは、そこから懸命にやっていくうちに修行期間が九年になったわけですか。

細川　そうです。九年たって、ようやく目処が立ち、東京のお寺へ帰らせていただきました。でも実は、その間にも七年目に一回だけ本当にやめたいと思ったことがありました。どうしても乗り越えられない壁が目の前にある気がして。これはもうおとなしく帰ったほうがいいんじゃないかと思いました。道場は師匠の許しがないとやめることができませんので、公衆電話から東京の自坊（自分の寺）に電話をしました。しかし、思いもかけない言葉が、受話器の向こうから返ってきました。「いつでも帰ってこい」と言っていた師匠（父）に「今は帰るな」ととめられたのです。その時の師匠の声は今でも耳の奥に残っています。

横田　お父様もそういう体験を乗り越えてきたから、よくわかったんでしょうね。

細川　はい。あの時道場を辞めて帰っていたら、今、ここにも座っていないでしょうし、いろいろなご縁もいただけなかったのかなと。本当に「誰かのひと言」というのは人生を変える。言葉というのはやっぱりすごいなと思っています。

コロナで休止せざるを得なかった坐禅会と「三峯榛名講」。

横田　二月の終わり頃から三月、そして四月、五月と新型コロナウイルスの影響によって、われわれの住む環境は変わってしまいました。

まず申し上げておきたいのは、医療に携わる方々や、保健所や役所などの方々、それから流通に携わる方々、ゴミの収集の方々などが忙しく、それこそ懸命に働いてくださっているおかげで、私たちはこうして暮らすことができます。このことは本当に感謝しています。

二月に東京で花園学園主催のサテライト講座を催して、八幡市圓福寺《えんぷくじ》の政道徳門《まさみちとくもん》老師の講演会があって私も花園大学総長として挨拶し、細川さんにもお越しいただいて、一緒に東京駅の近くで食事しましたね。あんなことができたのは今では夢のようです。

今こういう状況になったということを、どのように感じていらっしゃいますか。

細川　率直に「不要不急」という四文字が、私の中では禅問答のようにすごく重いものとなりました。

横田　ああ、私も川柳を作ったんですよ。「予定消え　すべて不要不急と知る」ってね。不要不急の外出を控えてくださいという、そのひと言によって私の予定表にびっしりあった予定が全部消えた。それで、ああ、自分のやっていたことは全部不要不急であったのだという（笑）。

細川　まさにそれですね。私は三十四歳で住職になりました。父も三十四歳で住職に就任しました。そのことがあって、私がその歳になれば譲るということを、あらかじめ決めていたのかもしれません。人生をかけて護ってきたお寺を、修行から帰ってきて三年の若輩者に任せるということは、お寺の世界でもなかなかありません。実際に反対もあったので、その時の父の潔さというんですかね、これに感銘を受けるとともに、父が始めた毎週日曜日の坐禅会を絶対に途切れさせない。そのことを私の住職としての一番の目標にして、自分の根本の行事であると心に決めていたんです。父は参加者が誰も居ないところからその坐禅会を始め、四十年間、一月一日が日曜日でない

「坐禅会も新型コロナウイルスによって中止せざるを得なくなった」と話す細川晋輔住職。

限りは休んだことは一度もありませんでした。

もう一つ。江戸時代から続く「三峯榛名講」――三峯神社と榛名神社に雨乞いに行くという世田谷・野沢の伝統行事、これを継続していく。これらが私の住職としての所信の二本柱だったんです。けれども、今回の新型コロナによって坐禅会が休止になり、三峯榛名講も中止せざるを得なくなってしまいました。

横田 なるほど。

細川 私が命をかけて取り組んできたこと、取り組もうとしていることは、不要不急であったのかと突きつけられて、最初は落ち込んでいたんです。落ち込みながら、いただいた原稿を書かせていただいたり、掃除や庭の梅の木を剪定してみたり、お寺の庭の一部で畑を作ったり……そういうことをしているうちに、自分にとって不要不急でないことを突き止めるのが、当面の目標になりました。衣食住さえあれば私たちは生きていけるんだと思うとともに、実は私たちの人生に奥深さを与えてくれるのが、不要不急と言われるものじゃないのか。そのところに一周して帰ってくることができました。そう思えるようになってからは、掃除、剪定、庭の畑仕事、それぞれ一つ一つが生き生きとしてくるのがわかるんです。今では、休止中の坐禅会を再開できるようになったら、それまでとはまた違った気持ちで取り組んでいけると思えるようになりました。「いつでも手放せる大事なもの」というような、今、そんなような心持ちでやらせていただいております。

横田　「いつでも手放せる大事なもの」というのは、奥深い言葉ですね。大事なものなんだけれども、いつでも手放せる状態でそれを持っているという意味ですか。

細川　そうでありたいなと。坐禅はみなさんが心身共に健康であるためにやるべきこと。健康を第一に考えるのであれば、勇気を持って中止にする。当時はすごく迷っていたんですけれども、今は休止なりに何かできることを模索できるようになりました。「禅僧としてこうありたい」「父の代のままのお寺であり続けたい」と、自分で作った目標に固執してしまうと、坐禅会というものが融通の利かないものになってしまいます。そうなれば、皆様の心をいただくことができず、下手をするとそっぽを向かれてしまうかもしれない。ですから、ギュッと握りしめず、いつでもどうぞと渡せるぐらいに、懐深くやっていきたいと思っています。

横田　私は手放すことは大得意でございましてね、すぐ手放してしまいます(笑)。そんなに葛藤も何もなく、あっ、雨が降った。じゃあ傘をさそうかと、それぐらいの感覚ですね。

細川　私には管長さん（横田老大師のこと）のような心の軽快さがなかったので、坐禅会も「アクリル板を立ててできるんじゃないか」とかいろいろ考えてしまって（笑）。でも、勇気を持って手放してみると、違ったやり方があるということを教えられました。

オンラインやYouTubeを使っての坐禅会をどう考えるか。

横田　今、細川さんをはじめ、若い和尚さんたちがインターネットなどの新しい媒体を通じてオンライン坐禅会なり、様々な取り組みを積極的にやっていますね。これは私は、まだまだわが世界も捨てたもんじゃないというのかな、新しい力が出てくるんじゃないかというのを非常に楽しみにしているんですね。私もそういう人に負けまいと思ってYouTubeチャンネル（臨済宗大本山 円覚寺公式チャンネル）などを開設して頑張っているんですけれども、そういう取り組みをやられて、なにか感ずるところはありますか。

細川　今、うちのお寺でも「オンライン坐禅会」というものを行っています。正直に言うと、最初はオンライン坐禅会というものに対して、私はあまり肯定的ではなかったんですね。

横田　まあ、そうでしょうね。とくにわれわれの世界はね、実際にその場に来て、その場でやらなかったら意味が無い、何がオンラインだとか言われがちです。

細川　ええ、実際、臨済宗青年僧の会さんがZoomを使ってオンライン坐禅会を開催されることをインターネットで知った時、私自身、あまり共感できませんでした。私は〝間（空間と時間）〟というものを大事に、それまでやってきたつもりでしたので、オンラインで代替できるとは到底思えなかったんです。

そこで、ひとまずオンライン坐禅会がどういったものなのかを確かめるために、一度参加してみることにしたのです。名前は名乗らず、イニシャルだけで。

横田　ばれなかった？

細川　ばれました（笑）。ただ、私の修行時代の後輩である福井・大安禅寺の高橋玄峰《たかはしげんぼう》さんが坐禅指導をしているのを見て、あっ、なんかいいなって率直に思ったんです。彼の姿に自分がそれをやっている映像までが見えたような気がして。

横田　ほう。

細川　そうこうしているうちに、私が入っていたのがばれていましたので、臨済宗青年僧の会の事務局をやられている静岡県清水・東光寺の横山友宏《よこやまゆうこう》さんから、「ぜひ一度でいいからやってもらえないか」というお誘いを受けまして。本堂の誰もいないところでカメラに向かってしゃべる。これがなかなかのもので。私がどこかに置き忘れてきてしまっていた新鮮さを与えてくれました。これならばうちの日曜坐禅会でも使えるんじゃないかと思い、次の週から開催することにしたのです。

横田　なるほど。そういう経緯があったんですね。実際にご自身でやられた感触というのはどのようなものでしたか？

細川　オンライン坐禅会のありがたいところは、距離という問題を解決できるところですね。参加したかったけど、物理的な理由で、かなわなかった方々の受け皿になりうること。今では臨済宗青年僧の会の、他のお坊さんたちの坐禅指導にも興味があって、時間が許す限り参加しています。あるいは管長さんのYouTubeチャンネルを拝見して坐禅の仕方を学ばせていただいたり、藤田《ふじた》一照《いっしょう》さん（曹洞宗僧侶。国際布教師で翻訳家でもある）のお話をオンラインで勉強したり。百人いたら百人のお坊さんの坐禅指導の仕方を学ぶことができると同時に、参加者の方も自分に合う坐禅のスタイルに出会うチャンスが劇的に増えたんじゃないかなと私は思っております。

かつて江戸時代の白隠禅師が「坐禅和讃《ざぜんわさん》」という和文のお経を、謡曲のリズムに乗せてお作りになられました。白隠禅師は、きっと当時の流行を取り入れられ、庶民に一番伝わりやすい謡曲をツールとして選ばれたのだと思います。ネットという世界と、オンラインという技術を、私たち僧侶も上手に使っていくことによって、いろいろな人にお寺があってよかったと思ってもらえるんじゃないかなと。

伝統を重んじる宗教界において、インターネットを使った禅の布教は本道ではないと言われるかもしれません。ただ、管長さんのようなお立場の方が、率先してYouTubeやブログなどで発信されることで、私たち若い僧侶たちの可能性がすごく広がってきていると感じています。コロナの「おかげ」というような言葉はあまり軽々に使いたくはないのですが、今まで仏教や禅に縁のなかった方々にもご覧になっていただける機会ができたんじゃないかなとも思っています。

横田　鎌倉時代の高僧である大燈国師《だいとうこくし》の言葉に「億劫相別《おくごうあい》れて、須臾《しゅゆ》も離れず」というものがありますね。ずっと遠く離れていても、実は一瞬たりとも離れてはいない。

鈴木大拙先生（禅についての著作を英語で著し世界に禅を知らしめた仏教学者）の言葉で言えば、霊性の世界というんでしょうけれども、空の世界、心の世界、仏心の世界では、どんな遠くにいて実際に会うことはできなくても離れてはいない。ネットもまさしく離れていながら通じ合っていることを確かめる一つの媒体ですからね。そこに頼り切るとこれまた問題ですけれども、いつでも離れられるという気持ちで、人と人が通じ合えることを確かめる一つの手段になれば、私はいいなと思っているんですけれどね。逆に、いつもそばにいても全然わかり合えていないという場合もあるわけですよ、人間というのはですね。

細川　まさにそのとおりですね。

横田　禅の言葉で「垂手（すいしゅ）」という言葉がありますよね。手を垂《た》れるというね。こういうツールというのは、その手の一つだと思うんですね。YouTubeチャンネルなどをやっていて、非常にうれしいのは、今まで円覚寺に行きたいと思っていたけれども、物理的、あるいは身体的に円覚寺まで行くことができなかった人が見ることができたという。これは無条件に喜んでいいことなんじゃないでしょうか。

細川　本当にそう思います。日本人で海外へ行かれた方もそうですし、海外で禅を勉強しようという方にも、今回の件で機会がすごく増えたなと思っています。

横田　それから、さきほどちょっと触れておられた坐禅の指導ですね。私共はついつい坐禅の指導というのはお若い人がやればいいという感覚がある。でもね、やっぱりこれはものすごく大事だと思う。初めてやる人にとって、どういう言葉で教えてくれるかというのは、けっこう後に残ったりします。それで私も自分で坐禅の仕方の基本などの動画（【Start a Zazen practice】）を作って公開しているんですね。

細川　管長さんや藤田一照さんのような方がYouTubeを介して坐禅の指導をしてくださるような状況は、一昔前では考えられませんでした。坐禅は黙って坐っておけばいいんだというのが普通でした。それから大きく変わってきて、若い世代の人たちは「こういう坐り方がいいんだ」というふうにちゃんとした説明を求めています。もちろん機会が増えるだけではなく、そのものの内容も必要になります。私たち自身、もっと真摯に坐禅というものに取り組んでいかなくてはならないということを突きつけられている思いがします。

横田　だからまあ、あんまりコロナのおかげと言うと差し障りもあるかもしれませんけれども、何もなかった時よりもむしろですね、すばらしいなと思っているんです。

こういう大きな変動があった時にそうやって新しいものが生まれていく。私はそれを楽しみにしているんですね。

細川　「はやり」という言葉は、もともと疫病から来ているそうです。私たちの臨済宗が日本に生まれたのも、言ってみたら鎌倉時代の疫病であったり、大地震の災害がきっかけという資料もございます。今日の状況は、本当に大きな節目を迎えているのだと思います。ただ、このように、いろいろなものが変化している状況にあるからこそ、松尾芭蕉が残された「不易流行（ふえきりゅうこう）」ということが、今とても大切なことに感じるのです。埼玉県新座の平林寺の松竹寛山《まつたけかんざん》老師は、「変えてはならないもの、変えなくてはならないもの、変えざるを得ないもの」というふうにおっしゃる。今こうやってYouTubeやオンラインによって伝えることは変えていかなきゃいけないもの、流行に乗ってやらなきゃいけないものだと思います。では、その先にある変えてはならないものを、管長さんはどのようにお考えになりますか。

横田　変えてはいけないものというのは、われわれがどんなことをやっても微動だにしないものだと思いますよ。何をやろうが絶対にそれによって変わらないもの。それは、鈴木大拙先生の言葉で言えば霊性や無分別であり、われわれの言葉で言えば仏心や仏性。仏心、仏性なるものは、われわれがYouTubeをやろうが、オンラインをやろうが微動だにしない、かすり傷一つつかないというところをちゃんと押さえていれば、それ以外は私は気にしないいんだけど（笑）。

禅語は解説できるものじゃない。

細川 禅語というものについて、少し教えてください。たとえば「喫茶去（きっさこ）」という禅語があります。禅の世界ではすごく有名な言葉で、有名な禅問答になっていますよね。

どういうものか簡単に説明しますと、唐時代の有名な禅僧である趙州《じょうしゅう》和尚のもとに修行僧が教えを乞いにやってくる。趙州和尚は「あなたは以前ここに来たことがおありかな?」と訊く。僧は「はい、来たことがあります」と答える。すると、趙州和尚は「喫茶去」（まあ、お茶でもおあがりなさい）と言う。また別の僧がやってきて、趙州和尚に「あなたは以前ここに来たことがおありかな?」と問われ、今度は「いいえ、ここへ来るのは初めてです」と答える。すると、趙州和尚はまた「喫茶去」と言う。このやりとりを聞いていた院主が「初めての者にも、かつてここへ来た者にも同じことを言われるのはどうしてか？」と尋ねる。すると趙州和尚は「院主さん」と呼ぶ。院主が「はい」と応えると、趙州和尚はまた「喫茶去」と言う。

こんな話ですね。しかし、「喫茶去」という言葉の解説を茶道の雑誌に書こうとした時、私は本当に途方に暮れてしまいました。この語句のもつ意味を、明確に言葉で表現できなかったのです。管長さんはこの有名な禅語について、「これはどんな意味ですか」と訊かれたら、どうやってお答えになりますか。

横田　私には説明ができない。よくわからないんですよ。そもそも私は禅語の解説ということをした覚えはないと思っているんです。

細川　毎月雑誌『致知』（致知出版社）に禅語の解説を連載されていますよね。

横田　あれはね、禅語を解説しているのではなく、自分が感動したこと、自分の内面に湧いてきたことを表すのに禅語を当てはめているんです。私が説いているのは自分がその時に一番思っていること、一番感動したこと、一番伝えたい思いであり、それを表すのに禅語を使っているというだけです。禅語があって、その解説をしようということではないんですね。公案禅においても問答して、それに合う禅語を探すわけでしょう。

細川　禅の世界で「著語（じゃくご）」と言われるものですね。

横田　ええ、先に自分たちの言葉にならないもどかしい思いのようなものがあって、そうして探していくと、ああ、ピタリと言い当てていた言葉があったというふうに。私はそれと同じ作業を今も繰り返しているつもりです。

そういう意味で、私は「喫茶去」という思いが湧いてきたことがいまだにない。ですから「喫茶去」という言葉を解説したことはないし、これを訊かれると困ってしまうというのが正直なところです。まず趙州和尚という人ですね。この人が私はよくわからない。

細川　なるほど（笑）。

横田　やっぱり、私なんかの修行の程度では計り知れないものだということを感じるんです。到底及ばないというのかな。「喫茶去」という言葉は従来は「お茶を飲みなさい」ということだけれども、最近の研究では「ちゃんと禅堂に入って、きちっと修行しなさい」という意味合いも含まれているのではないかという話もあります。

でも、私にわかるのは趙州和尚の境涯というのは、私なんかのような者には到底計り知れないということがわかったということぐらいですね。いろんな解説はありますけれども、もし禅語で表現しろと言われれば、「没可把（もっかは）」という言葉がありますね。もう捉えようがない。まあ、お手上げですね（笑）。

細川　いやいや（笑）。私は管長さんの毎月の雑誌の連載を読んで、禅語に対する解釈を深めております。

横田　最初に自分の思いが湧いてきたものを大事にしているだけですよ。

細川　それに合う禅語を引いてこられるわけですか。

横田　探すだけです。禅語があって、その解説を頼まれて書くというのは無理なんです。この春お亡くなりになった円覚寺前管長、足立老師にお仕えしていた時、「更参三十年（さらにさんぜよさんじゅうねん）」という言葉を自分のために書いてもらおうと思って、「老師、これを書いてくれませんか」とお願いしたら、「これは書けない」と言われた。「どうしてですか？」と訊いても答えてくれない。「正念相続（しょうねんそうぞく）」を書いてくださいとお願いした時も「これは書けない」と。恐らく、想像ですけれども、これは自分自身に対して突きつける言葉であって、他人に書くような言葉ではないという思いがあったのではないかと私は思うんですね。その時に、何でも書けばいいというものではないということを感じました。
有名な禅語では「一期一会」にしてもお手上げですよ。私は自分が「一期一会」の思いで生きているかというと、残念ながら、そこまでの厳しさはない。つい数日前も修行僧に話をしたんですけれども、老師方というのは何でもせっかちなところがあると思いませんか。すぐにやれとか早くやれとかね。とくに到来物があって、老師にお召し上がりいただくのに明日出そうとか、そのうち出そうと思っていると、私は大変怒られましたね。そういう経験はないですか。

細川　かなりあります（笑）。

横田　私の父親なんかも、紀州の田舎の鍛冶屋でございますけれども、やはり、その日のものはその日に食べるようにしろとかね、その日のことはその日にちゃんとやれということだけは本当に口うるさかった。たとえば夜に何か頂き物をして、もうお腹一杯だから明日食べると言うと、その日のうちに食べろと怒られました。
やっぱり戦争を体験していますからね。実際に空襲を受けたり、同級生が本当に近くで亡くなったりしたというような生死の瀬戸際を体験していますから、あの時代の人たちは今日もらったものが明日食べられるという保証はないということを体感しているんだと思うんですね。私らはね、明日食べられると思っちゃうんだな。

細川　確かにそうですね。

横田　でも、そういう命の危機を体験してきたような人、あるいは、今でも大災害でつい昨日まで一緒にいた人が急に亡くなったというような体験をした人は、本当にその時の出会いが一度きりだという体験をしていると思う。私には、そこまで言い切れるだけの切実なものが自分には足らないと思っているんです。今日の細川さんとの出会いが一度きりと思って生きているかというと、そこまでの厳しさはない。だから「一期一会」という言葉について訊かれても、やっぱり自分には説明できない。

正受老人《しょうじゅ》（臨済宗の僧侶）の「一日暮らし」という有名な言葉がありますね。「一生と思うから長いのだ。自分の命は今日一日と思え」という。ああいう言葉が言えるというのは、正受老人はそれだけ自分に厳しく、そんな覚悟で生きてきたという思いに裏打ちされたものがある。私ごときが言ったって説得力も何もない。ですから、それはもう説けないと思っているんです。

細川　私は「喫茶去」という言葉を見ると、いつもある僧侶の話を思い出します。その僧侶が文京区・白山の龍雲院の南隠《なんいん》老師だということを、恥ずかしながらつい最近管長さんに教えていただきました。

横田　うん、東京には龍雲寺と龍雲院がある。細川さんのお寺である龍雲寺は大本堂があるとても大きなお寺です。それに対して同じ「龍雲」ですけれども、龍雲院のほうは龍雲寺の庭の片隅ぐらいの境内地で、狭いところなんです。で、南隠老師という方はそんな狭い寺で、お客が来ても自分でお茶を淹れていた。炉があったのか、火鉢を使っていたのか、そこに湯を沸かしてお茶を淹れ、お客が一回飲むとすぐに「またどうぞ」と注ぐ。「いや、もういいです」と言うのにドボドボドボドボとあふれるまで注ぐ。それで「いやいや、もうこぼれます、こぼれます」と言うと、そこで南隠さんが、あなたもそうだと。あなたの頭に今いろんな知識が一杯入っている。そんな状態で私が禅の話をしても何も入ってこない。一回あなたの頭を空っぽにしてからでないと入りませんよと言った。そのような話でしたね。

細川　はい。私にとって「喫茶去」という禅語から感じられるものは、まさに今の南隠老師のお話です。「喫茶去」という言葉を見ると、「お茶をどうぞ」と南隠老師に言われているように感じられるのです。趙州和尚が言われた「喫茶去」も、まず自分の茶碗のお茶を飲み干して、空にしてからいただかないといけない。言葉はあくまでも

「禅語は解説できるものじゃない」と語る横田南嶺老大師。

指示語ですので、人によってそれぞれいろんな受け取り方があります。この老師はこうやって訳したということに意識が固まってしまうと、禅の自由さからもかけ離れてしまうと思うんです。

横田　私は今、自分が思っている一番伝えたいことを禅語に当てはめるという作業をしているだけですから、こういう手に負えない禅語を挙げようということはないですね。「般若心経」もそうです。学生時代の私の専門は般若経、般若思想でしたから、サンスクリットで「八千頌般若経《はっせんじゅはんにゃきょう》」などをずいぶん研究しました。けれども、今に至るまでなおわからない。説けないですね。ですから「般若心経」を講義したり、説明したことはただのいっぺんもありません。

細川　管長さんは大学で般若経の研究をされておられました。今の日本で管長さんほどの適任者はおられないと思うのですが、それは一体なぜなのでしょう。

横田　南隠老師に私淑していた漢文学者に公田《こうだ》連太郎《れんたろう》さんという方がおられる。終生、膨大な漢籍の講義をした人ですが、彼は『論語』の講義だけはしなかったという逸話がある。ある人が「なぜ『論語』は講義してくれないんですか」と訊くと、「『論語』はわからない」と言ったそうです。その時に言われたのは「孔子の弟子の顔回《がんかい》という人すら、自分にとっては想像を絶する人物だと思っている。その顔回をして孔子のことを計り知れないと言われているわけですから、孔子の説いた言葉がどういうことであるのかなど自分には説くことはできない」と。私はこれは公田連太郎という学者の誠実さ、その人ならではの深さというのを思いましてね。それを学生の頃に聞いて、やはりこの道というものはやればやるほど自分の限界が見えてくるんだなということを思ったんですね。この頃は学生時代よりもさらに強くそれを感じます。やればやるほど「般若心経」は説けない。やればやるほど「一期一会」という言葉が自分にはとても説明ができないように、その至らなさ、自分の限界がわかってきましてね。それで自分の範囲内のことしか説いていないんです。

細川　「般若心経」は、みなさん一番興味をお持ちで、管長さんが書籍化されるのを待ち望んでいる方ってたくさんいらっしゃると思うんですけれども。

横田　いや、それはとても無理ですね。私は『祈りの延命十句《えんめいじっく》観音経《かんのんぎょう》』(春秋社)止まりだな(笑)。

無分別智を生きる。

細川　ちょうど『祈りの延命十句観音経』の話が出ましたので、祈りというものについてお話を聞かせてください。祈りというのはお寺に暮らしているとあまりに日常化しすぎていて意識することがありません。私などはうちの三歳の娘がお地蔵さんに手を合わせているところを見てハッとさせられます。管長さんは『祈りの延命十句観音経』もそうですが、コロナ禍の中でYouTubeチャンネルに「祈り」という動画を公開されたり、「祈り」という行為の大切さをしきりと説かれている。

祈りというものを考える上で、私が好きな雨乞いの話があって。村人みんなで雨乞いに行った時、子どもがひとりだけ、晴れた日なのに傘を持っていくんですが、その子どもが「なんでみんな雨乞いに行っているのに傘を持っていかないんだ」と言う。

横田　なるほど。そういう話があるんですか。

細川　はい。雨乞いでみんな雨が降ることを期待して行っているはずなのに、その祈りが形だけになってしまっていることを、純粋で素朴な子どもに言い当てられてしまうんですね。もしかすると私たち僧侶にも同じことがあてはまるのではないかと自問していきます。私たちはやっぱり「担雪塡生（たんせってんせい）」じゃないですけども、雪で井戸を埋めていく心持ちを忘れてはならない。井戸に雪を運んで埋めていっても溶けてしまい、いつまでも井戸は埋まりません。けれども、淡々とやり続けていく。こんな気持ちが大切であることを、あの「祈り」の動画で再確認させていただきました。

横田　もちろんね、祈りというのはわれわれで言えば御内仏（おないぶつ）で、ひとり、誰も見ていないところで祈る。それが根本ですよね。だから別にあんな動画を撮らなくてもいいと言ったら撮らなくてもいいんでしょうけれども、しかしやっぱりああいうことをしないと伝わらないからね。大拙先生の言葉で、「人生の一生は永劫に聞かれぬ祈りである」という言葉があるんですけどね。好きですね、この言葉は。そういうふうにありたいなというふうには思っておりますね。

細川　「四弘誓願（しぐせいがん）」の心ですね（【四弘誓願】衆生無辺誓願度（しゅじょうむへんせいがんど　救っても、救っても、救いきれない衆生かもしれないが、誓って救わんと願う）、煩悩無盡誓願断（ぼんのうむじんせいがんだん　断っても、断っても、断ち切れない煩悩かもしれないが、誓って断たんと願う）、法門無量誓願学（ほうもんむりょうせいがんがく　学んでも、学んでも、学びきれない法門かもしれないが、誓って学ばんと願う）、仏道無上誓願成（ぶつどうむじょうせいがんじょう　明きらめても、明きらめても、明きらめきれない悟りの世界かもしれないが、誓って明きらめんことを願う））。

「上求菩提（じょうぐぼだい）」と悟りを求めて道を究める修行が剣を振り上げるものであるならば、その剣を、人々を救うために「下化衆生（げけしゅじょう）」と振り下ろさなければならない。その大切な「下化衆生」の行いこそが、「四弘誓願」の実践に他ならない。そういう意味でも大乗仏教である臨済宗において、「四弘誓願」は根幹ともいえるのですよね。

横田　ところがね、私も自分の愚かさに気づかされる連続なんですけれども、東日本大震災の後に「祈り」ということを本当に痛切に骨身に徹したつもりだったんですよ。それで「延命十句観音経」のことを知ってもらう、この祈りの心を知ってもらうためならばと思って書いたのがあの本でした。

ところが、新型コロナウイルスが広がり、新聞を見たり、テレビのニュースを見たりしてると、もう数値ばっかり気になるんですね。ああ、新しい感染症だ。罹った人がどういう症状になるのか。今日は感染者は何人なのかと、科学的な情報ばかりに心を奪われ、祈りの心がすっかり薄れていたんですね。科学的な情報を知るということはもちろん大切で、決してこれを無視するわけではありません。それはちゃんと知らなきゃいけない。でも、われわれはたとえば天気予報というのが発達して、この頃、てるてる坊主を見なくなりましたね。

細川　そうですね。今では下駄を転がして天気予報をする子もいないですし。

横田　もういないですよね。明日、天気どうだろうかというと今の人ならスマホを見ると雨雲がどこまで来てるのかわかる。今雨が降っていても二時間後には上がるというのがわかっちゃう。すると、もうてるてる坊主を作って、明日天気になりますようにって祈る心って薄らいでる。でも、その祈りの心というのは大事じゃないかということを改めて思うんです。知らない間に情報の収集ばかりに心が傾いてしまって、もう一度、何の力もない一僧侶として、謙虚に、感染症の終息と医療現場の人たちの無事と亡くなった方の冥福とをひたすら祈らなければということを何人かの方からのご縁で、再び鞭打たれた思いでやっています。

細川　私はあの「祈り」の動画に、胸に迫るものを感じました。同時に、僧侶としての自分の役割というものを改めて突きつけられた気がしました。

横田　禅宗というのはついつい見性とか悟りとかいうことが強調される傾向があるけれど、祈りということも決してないわけではない。毎年大般若の祈祷をして、お札をお配りしてということを今でも禅宗のお寺はやっているわけですから。ただ、あれなんかも何か習慣のようになってしまってね、本当に祈る心というのは大きな可能性がある。そして、われわれの修行は「わが身の贔屓」をやめて、本来の仏心に目覚めることにあり、そのために坐禅をする。「祈る」ということはわが身のことを祈るんじゃなく、あなたのこと、この世のことを一心に祈るわけですから、一瞬のうちに自我を離れて、その祈りの心は仏様の心そのものになっているんですね。仏の心と一致することができます。誰しもが即座にできて、一番確実な教えであると思うんですよね。

細川　なるほど。

横田　ですから、大拙先生の本を読んでも「無分別」の世界の大切さが説かれていますす。祈っている時は本当に無分別ですよ。自分と相手と一体になって祈っていますから、祈りの心というのは本当に、もうちょっと改めて説いていかなければならないなと思っているところでございますね。

細川　なので「般若心経」に関しても、私はてっきり書籍を出されるかなと（笑）。

横田　最近、哲学者の森信三《もりしんぞう》先生の本を読んでいて、自分は親の恩がわかっていなかったということがわかりかけてきた時が、本当の親の恩がわかりつつある時だという言葉がありましてね。それに倣えば、自分は禅のことも、仏教のことも、とくに「般若心経」がわかっていないということがわかりかけてきたということは、少しはわかりかけてきたのかなと（笑）。

細川　でも、写経など始めると「般若心経」の意味を明確に知りたがるんですよ、みなさん。

横田　明確は無理でしょう。

細川　では、もう意味がわからなくても、心を集中して、お唱えして、祈る気持ちがあれば――。

横田　その通り。それなんですよ。というのは、「般若心経」で説いているところは分別智（ふんべっち）ではないんです。明晰に説明して、理解したって、それはもう般若ではない。それは分別智だと。だから無条件にただ書くか、無条件にあの人が元気になりますようにと祈るか。その無分別の心が般若の顕現でしかないんですよ。それをね、解説して、きれいに論理立てて、筋道立てて、ああ、なるほど、よくわかったという瞬間に、般若は死んでいるんです。

細川　なるほど。

横田　それがようやくわかってきたんだ（笑）。

細川　とはいえ、世の中にはいろいろな先生方が研究された「般若心経」についての本があります。それらの知識を得ることは「般若心経」の実体から離れてしまうということですか。

横田　いやいや、それはそれで大きな役割はあってね。山岡鉄舟《やまおかてっしゅう》居士《こじ》（幕末から明治時代にかけての政治家。思想家。禅や剣、書にも秀でていた）の話で、誰かが鉄舟居士に『臨《りん》済録《ざいろく》』を講義してくださいとお願いをしたら、鉄舟居士は『臨済録』は今北洪川《いまきたこうせん》老師のところに行けと言う。洪川老師の『臨済録』は聴きました、是非鉄舟居士、あなたのを聴きたいのですと言えば、じゃあ、ついてきなさいと言って、山岡鉄舟は自分の道場に連れていって、剣道の稽古をした。それが終わって、防具を外して、「いかがでしたか、私の『臨済録』は」と言う。相手が「エッ」と困惑すると、「あなたは『臨済録』を書物と思っているんですか」と、こう言われたという話があるのね。

細川　カッコいいですね。

横田　『臨済録』も一応解説しているんですけどね。やっぱり読めば読むほど、自分の限界というのがわかるし、これを分析して、解明すると、もうそこで『臨済録』が死んでしまう。

『荘子』のなかに登場する渾沌《こんとん》の話があるでしょう。渾沌という王様がいたという話。他の国の王様が渾沌にお世話になったからお礼をしたいという。渾沌というのは混沌としていますから、目も耳も鼻も口もない。じゃあ渾沌は何も見えない、何も聞こえない。かわいそうだからと言って、一つ一つ、今日は目を開ける、今日は耳を開ける、今日は鼻を開ける。で、目も耳も鼻も口も七日間で全部開いて良かったなと思ったら、渾沌は死んだという話です。

これは分別と無分別を表しているんですよ。すべてのことが明瞭になると、それはさっきの科学技術の話と一緒で、雨雲の動きまで全部分析されてしまうと、無分別智（むふんべっち）は死んでしまうんです。何もわからないけれども、ただ雨の降っている中をびしょ濡れになりながらでも必死に祈る。細川さんが先ほど言った雨乞いの日に傘を持っていく少年の心持ち。これは無分別（むふんべつ）です。われわれが本当の意味で生きるのは無分別の世界であり、大切にすべきは無分別智です。これからの混沌の世を生きるには渾沌の知恵しかないと思っている。混沌に分別智で対応しようと思えば、これは太刀打ちができない。われわれが強いのは、この混沌の世界を持っていることですよ。言葉にはできない。分別したら死んでしまう。「般若心経」を一心に読めとか、一心に書けって、それを体得しているのがわれわれ禅僧の強みじゃないでしょうか。

細川　なるほど。高い樹の枝に口だけでぶらさがっている状態で、下から質問を投げかけられるという禅問答「香厳上樹（きょうげんじょうじゅ）」じゃないですけど、言葉にして分別してしまったら死んでしまうというところがあるんですね。

横田　そうそう。そう思っているんですよ。それがパッと通じる相手と、何回もやってもらわないとそこまで行かないという人がありますから。それでひとまず赤ん坊が泣いているのをやめさせるためだというような表現をした禅僧がいましたけどね。まあ、とりあえずこの教えを与えていこうという意味で、ある程度解説をしてあげることも必要になるのです。

　でも究極は、最初の細川さんの言葉ではありませんけれども、知識を集めさせておいて、手放すというところに導くというのが、私たち禅僧の本領じゃないのかなと思っているんです。

細川　もしかすると、コロナの後の世界で一番大切になってくることかもしれないですね。

横田　混沌なんですよ。もう説明のない世界。それはね、あのウイルスだってなかなか説明がつかないわけでしょ。混沌ですよ。やっぱり混沌を生きるのは混沌だと。

細川　だからこそ、祈りや信じるという心が大事なんですね。

横田　そう。一心にね。それは決して科学的な知識を否定するものではない。分別の世界を全部消してしまって、原始時代に帰れというような教えでは決してないですよ。ただ、分別の世界だけしか知らないと、いつまでも競争や攻撃や憎しみの連鎖がやまない。その中に無分別の世界があるんだと。祈りの世界はこの現代の社会にも生きるんだということを表していくのがわれわれの務めであり、坐禅をして無心になるという世界が日常の暮らしの中にも生きていくというように導いていかなければならないんじゃないでしょうか。

だからZoomで坐禅はできないって言う人もいるけれど、そんな坐禅は生きないですよ。Zoomであろうが、何であろうが、そこに生きるのが禅だというふうに私は思っているんです。

細川　なるほど。ありがとうございました。

横田　こういう対談が何のお役に立つかどうかわかりませんけれども、私共、お互いまだ研鑽を積まねばならないと思っているところでございます。またいつか不要不急でなくして、要求をされる時が来たならば、多少はお役に立つことができるように、お互い努力をしていきたいと思っております。ありがとうございました。

（構成／山下 卓）

あとがき

「スタジオジブリの鈴木敏夫さんと対談をしてみませんか？」

はじまりは、この一通のお手紙でした。そして、ジブリ作品の一ファンであった私が、今回の出版のご縁をいただけましたこと、まさに夢のようです。

淡交社の月刊誌『なごみ』での鈴木さんとの対談にはじまり、結果的に鈴木さんの著作『禅とジブリ』の表紙に後ろ姿でデビュー。その頃の私は取り組んでいた著書に難航していました。そんな私に道を示してくださるように、鈴木さんがスタジオジブリの機関誌『熱風』に連載できる機会をくださったのです。

ジブリ作品の中に「禅」というものを見出していく――。じっくりと時間をかけて、あらためて大好きなジブリのアニメを見直してみると、当時では気がつかなかった奥深さと、新たな気づきがたくさんありました。
歳を重ね、禅僧となって、親になって向き合ってみると、ストーリー、セリフ、風景やキャラクターの仕草、その一つ一つにこれまでとは違った感情を受ける自分がいたのです。

作品を見て素直に自分自身が感じ取ったものを、禅の言葉で置き換えていく。それは、言葉では表現できない心を、「禅語」という語句を置いて深めていく禅の修行に、とても似ているものがありました。禅の言葉に寄せてその説明をするのではなく、受け取った想いに寄せて言葉を突き詰めていく。それこそ今まで何度も目にしてきた禅語ですが、見方を少し変えるだけで、伝わるものが全く変わっていくことに気づいたのです。

連載中は、対談でもご登場いただいた鎌倉の円覚寺管長・横田南嶺老大師より、毎回ご丁寧なご批評のお手紙をいただきました。その一つ一つが私にとって大きな励みになりました。その中でも「禅でない処にこそ禅あり」という言葉が、私の頭の中に今でも残っています。

私たちが求めている「禅の心」は、何も古い仏教の書籍や禅の修行道場の中だけにあるものではなかったのです。求めているものは、常に私たちの手の届くところにあったのです。ただ、私たちが気づかないだけで。


二〇二〇年は私たちにとって、きっと忘れることができない年になってしまうのでしょう。先行きが全く見えない日々を過ごす中で、人生に対する不安はなかなか尽きるものではありません。それでもこんな時代だからこそ、ジブリ作品の「この世は生きるに値する」という熱いメッセージが、私たちの背中をそっと押してくれるのです。

想定外のことが起こると、当然私たちは迷い戸惑ってしまいます。しかし、人生想定通りにいったことなど、これまでどれだけあったでしょうか。想定外のことしか起こらないのであれば、私たちはあたえられた「今、ここ」に、集中して生きていくしかありません。

その時、禅の先人達が命をかけて取り組んできた禅の言葉も、きっと私たちを杖のように支えてくれるはずです。今回とりあげさせていただいた禅語の一つでも、皆様の人生をより豊かにしうるものがあったのであれば、禅僧としてこれに勝る喜びはありません。
　私たちが今までの忙しい生活の中で見過ごしてしまっていたものの中に、きっと足下を照らしてくれる何かがあるはずです。だからこそ、今回の感染症という悪い縁を、その「気づき」のための縁とすることこそ、私たちに必要なことだと思うのです。

　最後になりましたが、大好きなスタジオジブリとのご縁をいただき、今回も素敵でかわいらしいイラストを添えてくださった鈴木敏夫さん、対談の掲載を快くお許しいただいた横田南嶺老大師、『熱風』連載中から今回の書籍化にあたり多大なご尽力をいただいた田居因さん、装幀まわりをご担当いただいた横須賀拓さんに心より感謝申しあげます。「十牛図」掲載にあたり、相国寺様にも大変お世話になりました。
　そして、最後までおつきあいいただきました読者の皆様、本当にありがとうございました。

二〇二〇年　九月　　細川晋輔

＊本書はスタジオジブリ発行の雑誌『熱風』の連載
『十二の禅の言葉と「ジブリ」』(2018年2月～2019年1月)
に加筆・修正をし、さらに対談を加えたものです。

細川晋輔（ほそかわ・しんすけ）
1979年、東京都生まれ。2002年佛教大学卒業後、京都の妙心寺専門道場で９年にわたり修行。花園大学大学院文学研究科仏教学専攻修士課程修了。2013年から東京・世田谷の龍雲寺住職に。著書に『人生に信念はいらない　考える禅入門』（新潮社）『迷いが消える禅のひとこと』（サンマーク出版）『禅の調べ：はじめて唱う白隠禅師「坐禅和讃」』（春秋社）がある。

禅《ぜん》の言葉《ことば》とジブリ

著者　細川晋輔 ©Shinsuke Hosokawa

2020年10月31日　第１刷発行
2023年４月５日　第３刷発行

発行人　鈴木敏夫
編集・発行　株式会社スタジオジブリ
〒184-0002　東京都小金井市梶野町1-4-25
電話　03-6712-7290（編集部直通）
編集担当　田居 因
発売　株式会社徳間書店
〒141-8202　東京都品川区上大崎3丁目1番1号
目黒セントラルスクエア
電話　049-293-5521（販売）
振替　00140-0-44392番
印刷・製本　図書印刷株式会社

NDC：188.8
乱丁・落丁がございましたら、株式会社徳間書店にお送りください。
送料弊社負担にてお取替えいたします。

ISBN978-4-19-865183-1